풍경을 그리다

강기석 여행 산문집

지식공감

머리말

사랑하면 알게 되고, 알면 보이나니
그때 보이는 것은 전과 같지 않으리라.

유홍준 교수님이 쓴 '나의 문화유산답사기'란 책을 통해 접하게 된 말이다.
이 짧은 글귀가 마치 정수리를 꿰뚫고 지나는 것처럼 선명한 울림으로 다가
왔던 기억이 지금도 생생하다.

사진이란 걸 취미로 하게 되면서 자연스레 남들이 좋다고 하는 곳들을 여러
곳 다녀보게 된다. 어떤 곳은 "역시 좋구나. 먼 길을 마다않고 오길 잘했다."
며 만족스러울 때도 있지만, 그렇지 못한 경우도 허다하다.

괜찮은 여행지를 추천해 달라는 부탁에 주저하다 몇 군데를 일러주고 나면
괜스레 조바심이 나기도 한다. 때가 다르고, 빛과 바람과 하늘이 다르고, 또
함께 한 사람이 다를테니 같은 장소에 있다고 해서 같은 마음일 순 없는 노
릇이기 때문이다. 이런 이유로 나와 같지 않은 누군가에게 어떤 장소나 사람
을 소개하는 일은 매번 어려운 일이다.

애써 고민해서 추천해 준 사람을 원망하는 마음이 생길 때면 난 항상 유홍
준 교수님의 이야기를 떠올리곤 한다. 내가 아직은 사랑하는 마음이 덜 해
서, 많이 보질 못하는 것이겠거니 그렇게 말이다. 나의 안목에 실망했을 지도
모를 그 누군가 역시 그래줬으면 좋겠다.

비단 여행 장소에만 국한되는 얘기는 아니다. 사람도 마찬가지고, 물건도 매
한가지다. 내가 아닌, 어떤 대상을 사랑하게 되면 자연스레 관심이 생기고 그
의 모든 것을 알고 싶어지는 법이다. 그저 허투루 보아 넘겼던 소소한 모습들

속에서 감춰져 있었던 진면목을 발견하게 되면 그는 내게로 와 비로소 '꽃'이 된다.

하지만 그 꽃이 반드시 화려한 장미일 필요는 없다고 생각한다. 외진 산기슭에 남모르게 피었다 저 홀로 외로이 지고 마는, 혹은 들판에 지천으로 피어나는 이름 모를 들꽃이라도 좋을 터. 투박하고 모자람이 많지만, 사랑으로 바라보면 알게 될 것이요 결국엔 보이게 될 것임을 믿어 본다.

왜 이토록 부질없는 짓을 저질렀냐고 누군가 내게 묻는다면 난 '꿈'을 이루고 싶어서라고 말하겠다. 여러 인연 덕분에 사진을 찍게 됐고, 여행을 떠나게 됐고, 여행지에서의 느낌을 글로 남기게 됐다. 이름난 작가의 책들도 찾아 읽어보게 됐다. 그러면서 자연스레 욕심이 생겼다. 죽기 전에 내가 찍은 사진과 글로 채워진 책을 만들고 싶다는 꿈이 황무지 같았던 중년 남자의 가슴에 열정이라는 새싹을 돋아나게 만들었다.

여전히 누군가에게 보여주긴 턱없이 모자란 글이고 사진이다. 그럼에도 부끄러움을 무릅쓸 수 있었던 것은 미루기 싫어서다. 좀 더 사진을 잘 찍게 되면 그때, 남부끄럽지 않은 글을 쓰게 되면 그때나. 이렇게 미루다보면 후회하면서 돌아갈 것 같아서다. 우리가 세상에 태어날 때를 알고 오지 못했던 것처럼, 우리가 다시 돌아갈 날도 미리 알 순 없다.

또 모르는 일 아닌가. 하루하루 꿈을 이루기 위해 살다보면 정말 죽기 전에 제대로 된 책 하나 만들 수 있을 지도. 혹시 모를 그날을 위해 나는 또 길을 나선다. 숨을 멈추고 뷰파인더를 응시한다. 풍경을 그린다. 그 풍경 속에서 그대를 그린다.

2014년 5월 어느 햇살 좋은 날에

輝凉

목차

소쇄원 瀟灑園

누군가에게 꼭 가보라고 자신 있게 추천해 줄 수 있는 곳이 몇 군데나 될까. 사람마다 보는 눈이 다르고, 느끼는 것이 다르다 보니 내 맘에 들었다고 꼭 그 사람도 좋아하리라는 법은 없다. 그래서 좋은 사람, 좋은 곳, 좋은 음식을 소개해 주는 것은 언제나 어려운 일이고, 그런 이유로 주저하게 되기도 한다.

그런 내게 소쇄원은 마음속에 두고 늘 그리워하는 장소 가운데 한 곳이다. 영화 한 편 덕분에 소쇄원을 알게 되었고, 무언가에 이끌리듯 홀로 소쇄원을 찾았던 것이 벌써 오래 전의 일이다. 처음 느꼈던 그 감흥보다는 조금 덜하지만, 그래도 여전히 소쇄원은 마음을 이끄는 묘한 매력이 있다.

생각하면 절로 마음이 설레고 언제든 시간이 나면 달려가고 싶어지는, 흔치 않은 곳이다. 산책하듯 몇 걸음만 움직이면 푸른 대숲을 이는 바람소리, 아담한 계곡을 흐르는 물소리를 들을 수 있을 것만 같다. 마치 꿈을 꾸듯 광풍각 마루의 온기를 손으로 느껴보는 나를 바라보게 된다.

가을날 소쇄원 풍경 광풍각 마루에 앉아 깊어가는 소쇄원의 가을을 완상玩賞하는 여행객들의 표정이 한결 여유로워 보인다. 양산보가 세운 광풍각은 1597년 정유재란 때 불탔고 양산보의 손자인 양천운에 의해 1614년에 복원되었다.

워낙 많이 알려진 탓에 해마다 찾는 사람들이 느는 것이 느껴진다. 그래서인지 들어가지 못하게 막아 놓은 곳도 많이 늘었다. 한적하게까지 느껴지는 소쇄원 구석구석을 찬찬히 둘러볼 수 있었던 예전에 비하면 요즘은 사람에 쫓기듯 자리를 옮겨야 하는 불편함이 있다. 물론 이것도 다 욕심일 뿐이다. 좋은 것은 혼자만 가지고, 혼자만 호젓하게 즐기고 싶다는 못된 욕심 말이다.

사람마다 느끼는 것이 다른 법이니 함부로 개인적인 느낌을 정답인 양 강요할 수는 없는 노릇이다. 우리나라 3대 정원이라는 거창한 수식이 붙는 이 소쇄원을 소개함에 있어서는 더욱더 신중할 필요가 있다. 크기와 규모를 중시하고 풍성한 볼거리를 기대하는 사람들이 이곳을 찾는다면 필시 실망하고 말 것이기 때문이다.

소쇄원은 그저 소박하고 아담하다. 사람의 입맛에 맞추어 자연에 인위적인 힘을 가하지도 않았다. 그저 있는 그대로의 자연을 빌려 그 속에 또 다른 자연으로 건물을 배치해 두었을 뿐이다. 물이 흘러내리는 계곡을 사이에 두고 건물을 지어 자연과 인공이 조화를 이루고 있다. 그런 이유로 유홍준 교수가 극찬한 우리나라 원림園林의 아름다움을 맛볼 수 있는 곳이 바로 이곳 소쇄원이 아닐까 싶다.

크지 않은 공간이다. 남아 있는 건물도 광풍각, 제월당, 대봉대 등 몇 채 되지 않고 나머지는 애양단, 오곡문 같은 오래된 담장뿐이다. 입구에 서면 한눈에 소쇄원 전체를 조망할 수 있을 정도다. 하지만 우리 조상들이 자연을 훼손하지 않고 오히려 자연의 일부로 들어감으로써 더 큰 공간을 온전히 누리고자 했던 원림 조성의 깊은 뜻을 이해하게 된다면 이곳은 세상 그 어디보다 크고 깊은 공간으로 다가오게 될 것이다.

소쇄원의 죽림竹林 소쇄원 입구의 푸른 대나무숲 아래 서면 서늘한 바람이 따스한 위안이 되어주기도 한다. 마음에 물결이 일 때면 이곳에서 사그락 거리는 바람 소리에 귀를 기울여 보아도 좋다.

애양단과 오곡문 담장 아래 붉은 동백꽃이 피어있는 모습은 처음 보게됐다. 이상하게도 동백꽃을 만나게 되면 항상 땅에 떨어져 있는 꽃에 눈길이 간다. 사람들의 발길에 으깨지고 바람과 비에 흐트러진 꽃은 오히려 더욱 붉게 타오르는 듯하다. 그 강렬한 느낌에 이끌려 동백나무 근처에서 한참을 서성이게 된다.

소쇄瀟灑니 광풍光風, 제월霽月이란 이름을 되뇔 때마다 참 멋진 이름이란 생각이 든다. 김춘수 시인의 '꽃'에서처럼 사람이든 사물이든 내가 그의 이름을 불러주기 전에는 그저 의미 없는 존재일 뿐이다. 그것에 꼭 들어맞는 이름을 불러주는 순간 비로소 내게로 와 한 떨기 아름다운 '꽃'이 되고, 평생 잊지 못할 인연으로 남게 되는 법이다.

소쇄원 담장의 기와 아마도 이 기와들은 사람보다 나이를 더 많이 먹지 않았을까. 기와장마다 켜켜이 껴있는 이 끼만큼 오랜 세월의 흔적을 고스란히 간직하고 있다.

또 하나 소쇄원이 마음에 드는 이유가 있다. 바로 이 오래된 세월을 느끼게 하는 담장의 기와이다. 소쇄원을 찾을 때면 언제나 광풍각이나 제월당에 한참을 앉아 있는 시간만큼 이 기와를 바라보게 된다. 침묵沈默의 언어로 그 오랜 세월을 되짚어 보기도 하고, 또 다가올 앞날에 대한 희망을 홀로 이야기하기도 하면서.

소쇄원에 들어서는 초입의 푸른 대숲도 참 좋다. 대숲에 이는 바람 소리는 언제 들어도 내 마음에 따스한 위안을 안겨 준다. 이따금씩 마음에 물결이 일 때면 이곳에서 사그락 거리는 바람 소리를 들었으면 좋겠다. 주변 풍경이 온통 흰 눈에 소복하게 덮힐 한겨울이면 대나무의 푸른빛이 그 속에서 더욱 돋보일 테지. 그 황홀한 풍경을 꼭 한번 봤으면 좋겠다.

그런 이유로 다음번 소쇄원 여행은 하얀 눈이 소복이 내리는 날이길 매번 다짐해 본다. 인연이 닿는다면 내 생애 그런 날이 올 수도 있을 것이다. 또 그러지 못한다 한들 어떤가. 이른 봄기운이 신록으로 벅차오르는 날에도, 한여름 우거진 녹음 속에서도, 울긋불긋 예쁜 단풍으로 물드는 날에도 난 광풍각에 앉아 온통 하얀 눈세상 속 푸른 대빛을 마음속에 그리고 있을 테니까.

소쇄원에선 언제나 민주와 현우를 만나게 된다. 2006년 10월 개봉했던 '가을로'라는 영화 속 민주가 띄운 단풍잎이 현우에게 다다르는 장면이 나오는 곳이 이곳 소쇄원이다. 소복이 쌓여 있는 하얀 눈이 대나무의 푸른빛과 묘한 대비를 이루던 모습도 여전히 잊혀지지 않는다.

영화는 이미 사람들에게서 잊혀진, 빛바랜 추억이 되었지만 내 마음속에서는 현우, 민주, 세원이 거닐었던 모든 곳들이 생생히 살아 있다. 그들의 걸음을 따라 오늘도 여전히 소쇄원을 거닐고 있는, 홀로 "소쇄소쇄" 바람 소리를 내고 있는 나를 발견하게 된다. 🌸

소쇄원 초입의 신록 누군가는 이곳을 선계仙界로 들어서는 입구라고 표현했다. 느린 걸음을 떼면 늘 푸름을 잃지 않는 대나무가 뿜어내는 풍성한 신록으로 인해 소쇄원의 신비로움은 한층 더해진다.

잘 지내나요, 내 인생
최갑수 글. 사진 / 나무수 / 2010년 11월

"정말 아쉽군요. 이것을 마지막으로 이번 여행은 막을 내리는 건가요?
"아뇨. 새로운 여행이 시작되는 거죠."

아침이 오면 당신의 새로운 여행이 시작될 것입니다.
이번 여행의 목적은 스스로를 더 사랑하는 법을
획득하는 것입니다.

책을 펴자마자 만나게 되는 글에서 긴 여운이 남는다. 어차피 인
생 자체가 긴 여정旅程이다. 굳이 어딘가를 향해 떠나지 않더라도
우리는 매일매일 인생이라는 이름의 길다면 길고, 짧다면 짧은
여행을 하고 있는 것이다. 최갑수의 말처럼 좀 더 열심히, 맹렬히
살기보다는 나를 좀 더 사랑하는 법을 배우는 여행이라면 더 좋
을 것 같다.

이 책에는 내가 좋아하는 영화, 내가 좋아하는 장소, 그리고 내가 공감하는 글이 있어서 좋다. '가을로'라는 영화는 내게 우리나라의 아름다운 풍광을 소개해 주었고, 그곳들을 직접 찾아봐야겠다는 강렬한 욕망을 일깨워 주었다. 지금도 가끔씩 영화 속 현우, 민주, 세원의 발길을 쫓고 있는 나를 발견하게 된다.

영화 속 소쇄원은 너무나 아름다웠다. 사진이나 영화 속 배경을 실제 가보고 실망하는 경우도 많은데 소쇄원은 그렇지 않았다. 영화에서 느껴지던 그 느낌이 고스란히 전해져 오는 듯했다. 마치 민주가 저만치에서 대나무 홈통에 단풍잎을 띄워 보내고 있는 듯 한 착각을 하게도 된다. 소쇄원에 가게 되면 '가을로'를 떠올리게 되고, '가을로'를 보게 되면 난 항상 소쇄원을 그리워하게 된다.

> "새로 포장한 길인가 보죠? 전에 있었던 길들의 추억이 다 이 밑에 있을텐데……. 사람들은 그 길을 잊고 이 길을 또 달리겠죠? 좋은 길이 되었으면 좋겠다."

민주가 메타세콰이어 길을 걸으며 했던 말이다. 영화의 마지막 장면이 떠오른다. 시간이 흘러 현우는 세진과 함께 이 길을 걷는다. 영화가 막을 내리는 순간까지도 둘은 손을 마주 잡지 않지만 우리는 누구나 느낄 수 있다. 그들은 결국 손을 잡게 될 것이라는 것을…….

혼자 여행을 다니면서 가장 힘든 게 무엇일까? 지독한 '외로움'이란 대답은 식상하다. 그것은 혼자서 해결해야 하는 끼니의 곤란함이다. 혼자 다니다 보면 그럴듯한 식사에 대한 준비가 소홀해지가 마련이고 혼자 맘 편히 먹을 수 있는 밥집을 찾기도 여간 어려운 일이 아니다. 하지만 나이를 먹어 가다보니, 또 이런 혼자 떠나는 여행에도 익숙해지다 보니 혼자 밥을 먹는 것도 그렇게 어색하지는 않게 됐다.

│ 풍 경 을
│ 그 리 다

작가의 얘기를 빌려 보자면 혼자 먹는 밥이 나쁘지 않은 이유는 따로 있다. 혼자 밥 먹을 때 떠오르는 얼굴은 아마도 당신이 가장 좋아하는 사람이고 가장 필요한 사람일 거라고. 사는 게 힘겹고 팍팍하게 느껴질 때, 혼자서 밥을 먹어 보시라. 숟가락 가득 밥을 떠서 입안으로 넣어 보시라. 당신을 밥을 먹고 있는 동안 떠오르는 그 얼굴과 따뜻한 밥 한 끼 나눠 보시라.

정말 그렇더라. 겪어 본 사람만이 공감할 수 있을 것이다. 지치지 않기 위해서, 다음날 새로운 여행을 떠나기 위해서 혼자서 밥을 꾸역꾸역 입으로 밀어 넣고 있다 보면 문득 떠오르는 얼굴이 있더라. 그리고 그 얼굴은 내가 몹시도 그리워하고 보고 싶어 하는 고마운 얼굴이더라.

> 당신은 당신 생에서 간절히 돌아가고 싶은 하루를 가지고 있는지.
> 만약 가지고 있다면 당신은 지금까지 잘 살아온 것이다.

내 인생은 잘 지내고 있을까. 잘 지내고 있다고 자신 있게 얘기하진 못하겠다. 일상의 구질구질함, 그럼에도 불구하고 그 속에서 떠나지 못하고 맴돌아야만 하는 현실의 안타까움이 있기 때문이다. 그래도 말이다. 내 생에서 간절히 돌아가고 싶은 하루가 있다는 것만으로도 나는 지금까지 충분히 잘 살아왔다는 위로를 나에게 해줘야겠다.

병산서원 屛山書院

역시 여름을 빛내주는 것은 배롱나무 꽃이다. 밋밋한 여름 풍경 속에서 배롱나무 꽃의 붉디붉은 빛은 확연히 도드라져 보인다. 화려한 봄꽃의 향연과 울긋불긋 타오르는 가을 단풍을 이어주는 고마운 꽃이다. 하루 이틀 몰래 피었다 지는 것도 아니고 무려 백일 동안이나 피어 우리의 눈을 즐겁게 해주니 얼마나 대견한가.

배롱나무 꽃을 보러 굳이 멀리 갈 필요는 없다. 가까이에도 병산서원처럼 좋은 곳들이 많기 때문이다. 낙동강을 따라 난 좁다란 흙길로 병산서원을 찾아가는 길은 언제나 묘한 기대감을 불러일으킨다. 어릴 적 추억이 떠오르는 길이다. 가끔은 마주 오는 차를 비켜주어야 하고, 뽀얗게 피어오르는 먼지가 마땅찮을 때가 있지만 시간이 갈수록 옛 모습 그대로의 길이 소중하게 느껴진다.

처음 병산서원을 찾았을 때 생각이 난다. 해마다 수많은 관광객이 찾는 명소인 병산서원 가는 길이 고작 이 정도라니. 제대로 가고 있는 건가 하는 의구심이 들 정도였다. 그때는 제대로 포장도 하지 않고 좁기만 한 이 길이 도통 이해가 되지 않았다. 하루빨리 포장작업을 하도록 안동시에 건의라도 하고 싶은 마음이었는데 몇 년의 세월이 흐른 지금은 완전히 다른 마음이다.

입교당 뒤에서 바라본 만대루 병산서원은 복례문과 담장을 통해 외부와 구분된 공간이지만 정면에 보이는 낙동 강과의 사이에 만대루를 배치함으로써 수려한 자연경관을 서원의 차경借景, 멀리 보이는 자연의 풍경을 경관 구성 재료의 일부로 이용하는 수법으로 끌어 들인 한국 전통건축의 백미白眉로 평가받고 있다.

만대루의 누각 누각을 받치고 있는 기둥들은 나무의 본래 모습 그대로를 살렸으며 인위적으로 다듬지 않아 자연스런 형태의 주춧돌 위에 세워져 있다. 그래서인지 오래된 기둥들을 만지노라면 나무의 촉감이 따뜻하게 전해지는 듯 하다.

옛 모습 그대로 있어줘서 고마울 따름이다. 눈 아래 시원스레 펼쳐져 있는 낙동강 물줄기를 옆에 두고 마치 수십 년 전 세월로 되돌아가는 듯한 착각마저 드는 길을 따라 한참을 들어가면 유서 깊은 병산서원과 마주하게 된다. 붉게 피어난 배롱나무 꽃이 병산서원 구석구석을 환히 비쳐주는 느낌이다. 모든 것이 여전하다. 만대루도 그 자리를 지켜주고 있고, 더 이상 오를 수 없는 만대루를 대신해 지금은 입교당 마루가 사람들에게 자리를 내어주고 있다.

병산서원의 원래 이름은 풍악서당으로 고려말 풍산현에 있던 풍산 유씨의 사학이었는데 조선 선조 5년에 서애 유성룡이 이곳으로 옮겼다고 한다. 이후 광해군 때 지방의 유림들이 유성룡의 학문과 덕행을 추모하기 위해 위패를 모셨고, 철종 14년에는 '병산屛山'이라는 사액을 받아 사액서원으로 승격되었다. 많은 유림을 배출한 서원으로 흥선대원군의 서원 철폐령에도 불구하고 현재까지 그 명맥을 유지하고 있는 몇 안 되는 서원 중 한 곳이다.

병산서원은 규모가 그리 크지 않다. 둘러보는 데 몇 분이 채 걸리지도 않는다. 그러나 병산서원이 지닌 그 멋스러움을 제대로 즐기려면 최소 몇 시간 이상은 이곳에 머물러 보기를 권한다. 잘 정돈된 구석구석마다 자세히 살펴보지 않으면 찾을 수 없는 보물들이 숨겨져 있기 때문이다. 계절의 순환 속에 각기 다른 모습을 보여주지만, 그 속내는 변함이 없다.

병산서원 만대루에 올라 굽이쳐 흐르는 낙동강을 바라보는 느낌을 뭐라 설명할 수 있을까. 아마 직접 겪어보지 않은 사람은 이해하지 못할 것이다. 만대루에 오르면 눈앞에 펼쳐진 낙동강이 손에 닿을 듯 더욱 가까워진다. 그 순간 만대루는 낙동강에 띄워진 한 척의 돛단배에 다름 아니다. 마치 시간이 멈춰 서 있는 듯한 느낌. 복잡다단하게 흘러가는 세상일엔 전혀 무관심한 듯 자연의 일부가 되는 듯한 기분은 병산서원이 주는 선물이기도 하다.

만대루는 복례문과 입교당 사이에 자리 잡고 있으며 우리나라 서원의 누 각 가운데 가장 큰 규모를 자랑한다. 동서 간 길이가 20m이며 1층은 기 둥만 세우고 2층 누각은 창호와 벽이 없이 완전하게 개방된 형태이다. 만 대루의 만대晩對라는 이름은 당나라 두보의 시 백제성루白帝城樓의 '푸른 절벽 은 오후 늦게 대할만 하니'라는 취병의만대翠屛宜晩對에서 유래되었다고 한다. 시구詩句처럼 늦은 오후의 따사로운 빛이 비치는 만대루가 역시 제격이다.

만대루에는 여전히 출입금지 안내판이 올려져 있다. 만대루 넓은 누마루 에 앉아 도도한 낙동강의 흐름 속에 시간을 놓아버리는 호강을 누릴 수 없음이 안타깝다. 이제는 더 이상 오를 수 없는 만대루를 바라보며 중요 한 무언가를 빼앗겨 버린 상실감에 잠긴다.

만대루에서 번잡한 세상을 잊고 호젓한 시간을 보낼 수는 없게 되었지만 당분간은 만대루 자체의 아름다움을 보는 것으로 아쉬움을 달랠 수밖에 없다. 목조 건물에는 사람의 온기가 더해져야만 그 생명이 오래가는 법이 라고 하는데 언제부터 만대루는 그저 눈으로만 감상해야 하는 박물관 속 유물처럼 변해버린 느낌이다. 언제쯤 만대루에 다시 오를 수 있을지 매번 조바심이 난다.

세월은 무심하게 흐르고, 그 세월을 따라 사람들은 변하겠지만 언제든 이곳은 예전처럼 우리를 반겨줄 것이다. 그래야만 한다. 사람들이 계절을 가리지 않고 흙먼지 날리는 시골길을 아무 불평 없이 달려 병산서원을 찾 는 이유는 늘 변함없는 편안함으로 우리를 맞이해 줄 것임을 믿기 때문 이다. 모든 것이 변하는 세상에, 꿋꿋하게 제 자리를 지키고 있는 소나무 같은 존재가 하나쯤 있어줘야 하는 것 아니겠는가. ❀

이제는 오를 수 없는 만대루 만대루 넓은 누마루에 늦은 오후의 따사로운 햇살이 비치고 있다. 길이가 20m에 달하는 이 만대루는 창호와 벽이 없이 텅 빈 공간으로 존재함으로써 낙동강 건너의 풍경으로 그 속을 가득 채우고 있다.

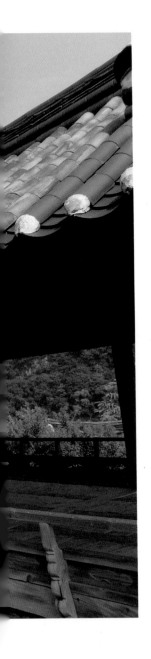

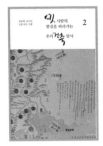

옛사람의 발길을 따라가는 우리 건축 답사
최종현 지음 / 현실문화 / 2010년 12월

건축을 온전히 이해하려면 필요한 것이 많다. 그 건축물이 놓여
질 땅과 땅을 품고 있는 자연에 대한 이해가 선행되지 않으면 반
쪽자리에 그칠 수밖에 없다. 오래전 이 땅의 어느 곳, 몇 평 되지
않은 땅에 지어졌던 건물 하나를 공부하기 위해 나는 이제 옛사
람의 발길을 따라가 보려 한다.

한양대학교 도시공학과 최종현 교수가 지은 〈옛사람의 발길을 따
라가는 우리 건축 답사〉는 말 그대로 인문지리 기행이다. 작은 건
축물 하나에 담겨져 있는 인문학적 배경을 오롯이 읽어내기 위한
답사 여행에 이렇게 책을 통해서나마 동참하게 된 것이 다행이란
생각이 든다.

물론 이 책 한 권을 몇 번 정독한다고 해서 단박에 건축물을 제대로 이해할 수 있다고 얘기할 자신은 없다. 문외한인 나뿐만 아니라 건축에 일가견이 있다는 전문가들도 그 점에선 마찬가지가 아닐까 싶다. 하지만 지금껏 전국의 수많은 고건축들을 수박 겉핥듯 지나쳐 온 나의 천박함을 반성하게 됐으니 값어치는 충분히 한 셈이다.

내가 고건축에 관심을 가지게 된 것은 오래전이다. 그 시작은 학문적 관심이라기보다는 그저 사진 찍는 걸 즐기다 보니 피사체의 하나로서 매력적인 소재라 여겼기 때문이다. 그래서 건축물을 제대로 알아가려는 노력보다는 그 아름다움을 영원의 기억으로 남기는 데 그쳤던 것이 사실이다.

솔직하게 말하자면 그 이상을 볼 깜냥이 되지 않았기 때문에 노력을 안 했다는 것이 더 정확하겠다. 아는 만큼 보인다고 하지 않았던가. 제아무리 관심을 가지고 몇 시간을 살펴본다한들 어느 순간 자연스레 깨칠 수 있는 것은 아니니까. 그래도 하나둘 건축물을 접하면서 좀 더 깊게 알아보고 싶은 욕심이 생기게 되고 결국 이런 책에도 관심을 갖게 된 건 다행스러운 일이다.

최종현 교수 같은 전문가는 한 발 더 나아간다. 보는 시각이 달라지면 이미 알던 것도 다르게 보인다 했다. 어찌 보면 전혀 알지 못하는 것보다 잘못 아는 것이 더 나쁜 게 아닐까 생각해 보게 된다. 이미 기존의 잘못된 지식과 시각과 관념이 가득차 있으면 제대로 된 정보로 다시 고쳐 받아들이기 어려운 법이다.

병산서원 입교당 가운데 대청은 유생들의 강학講學 공간으로 활용했고, 좌·우측의 방은 원장이 기거하거나 교무
실로 사용되었다. 아궁이가 건물 앞쪽에 배치되어 있는 것이 특징적이다.

우리 옛 건축은 '땅'을 읽는 데에서 출발했다. 그 땅의 모양과 규모에 맞춰 겸손하게 건물을 지었다. 건물을 장식하거나 화려하게 짓는 재주가 없어서가 아니라, 그 건물 속에 들어가 삶을 영위하는 인간의 시선에서 건축을 바라보았던 것이다.

그는 우리의 옛 건축을 이렇게 설명했다. 전적으로 공감 가는 이야기다. 이전에도 이런 설명을 여러 번 들었지만 시간이 흐르고 점점 더 많은 건물들을 그 땅과 함께 읽어내려고 노력을 할수록 우리 조상들이 자연을 바라보았던 겸손함과 그 속에서 살아갈 사람들에게 걸맞은 건물을 지으려 했던 노력에 감동하게 된다. 내 마음은 이미 바쁜 발걸음으로 '옛사람의 시선과 생각으로 옛 건축을 다시 읽는' 이 책 속을 걷고 있는지도 모르겠다.

부석사 浮石寺

아직 어둑어둑한 새벽길을 달려 부석사에 도착했다. 사람들의 발길이 분주해지기 전에 부석사의 고즈넉함을 즐기려다 보니 어느새 마음이 급해졌다. 운이 좋으면 태백준령 너머 떠오르는 붉은 일출을 볼 수도 있지 않을까 기대했지만 나의 마음을 아는지 모르는 지, 무심한 빗줄기는 도무지 잦아들 줄을 모른다.

매년 결심을 하곤 한다. '올가을엔 노랗게 물든 부석사의 은행나무 길을 꼭 걸어보리라.' 그러나 매번 또 이렇게 때를 놓치고 만다. 은행잎들은 이미 나뭇가지를 떠나 길 위에 소복하게 쌓여 있다. 겨울을 저만치 앞둔 계절에 나뭇잎들도 자신을 노랗게 불태우고는 태어났던 땅으로 돌아갈 날을 기다리고 있는 듯하다.

부석사는 비와 안개에 갇혀 있다. 짙은 안개로 시야를 허용치 않더니 어느 순간 하늘이, 산이 열리기 시작한다. 부석사를 수십 번은 다녀갔지만 이렇게 이른 시간에, 또 이렇게 신비로운 풍경을 만나게 되는 건 처음이다. 형형색색 화려함으로 치장한 가을날의 부석사 모습을 담아갈 수는 없지만 뭔가 꿈꾸는 듯 몽환적이면서도 마음마저도 저만치 내려놓게 만드는 그런 날의 부석사를 마음에 담아갈 수 있어서 한편 다행이란 생각도 들었다.

부석사 **무량수전** 안동 봉정사 극락전과 더불어 우리나라에서 가장 오래된 목조 건축물로서 그 가치를 인정받고
있다. 국립중앙박물관장을 지낸 고故최순우 선생님은 무량수전을 두고 "멀찍이서 바라봐도 가까이서 쓰다듬어 봐
도 의젓하고도 너그러운 자태이며 근시안적인 신경질이나 거드름이 없다."고 표현했다.

무량수전 앞마당에서 안양루 아래를 내려다보고 있으니 이제서야 비로소 유홍준 교수가 얘기했던 부석사의 장쾌함을 제대로 느낄 수 있다. 부석사 가장 높은 자리에서 자연이 선사하는 최고의 풍경을 바라보던 이날의 행복을 앞으로도 잊지 못할 것 같다. 놓치기 싫은 아름다움은 찰나刹那의 순간만큼 짧기만 하다. 겨우 몇 분의 시간이 지나면 눈앞에 펼쳐지던 황홀경恍惚境은 다시 안개에 묻혀 버리고 만다.

하지만 그리 아쉽지만은 않다. 어차피 마음이라는 필름에 담은 이미지를 사진으로 오롯이 표현할 재주는 없으니 그 모습 그대로 눈으로, 마음으로 담아 두었으니 충분하다. 찾는 이의 발걸음이 뜸한 새벽녘의 부석사는 내가 마음속으로 그려왔던 부석사의 모습 그대로였다.

모든 나무들이 잎을 떨구고 겨울 채비를 하고 있는데 마지막 남은 단풍나무가 안개에 젖은 나뭇잎들을 흔들며 배웅을 해주는 듯하다. 이날의 부석사는 비와 안개에 젖었지만 나는 이루 형언할 수 없는 고요함과 풍요로움에 섞어 부석사를 내려올 수 있었다. 속세에서의 삶도 이날처럼 촉촉히 젖을 수 있다면 참 좋을 텐데 말이다.

아주 오래전 꽤나 무더웠던 어느 여름날로 기억된다. 해질 무렵에 부석사에 올랐던 적이 있다. 때마침 저녁 예불 시간에 맞춰 웅장하면서도 따뜻한 종소리가 산자락을 휘감아 돌았던 그때의 감흥은 지금도 잊혀지질 않는다. 사방은 조금씩 어두워지고, 그 어둠 속으로 번잡스럽던 마음도 서서히 사라지는 듯한, 묘한 느낌이었다.

부석사에서 바라본 태백준령 장엄한 일출보다 오히려 큰 감동을 안겨 주었던 부석사의 새벽 풍경. 비와 안개에 갇혀있던 산과 하늘이 잠시 제 모습을 내어주었다. 가장 아름다운 풍경은 결국은 각자의 마음 속에 담는 법이다.

절을 찾는 분에게는 이른 새벽이나 저녁 무렵에 절을 찾으시라고 권해 드리곤 한다. 확실히 한낮의 번잡함 속에서 바라보던 절에서는 도저히 느낄 수 없는 마음의 평안을 얻을 수 있을 것이다. 백문이 불여일견이라고 하질 않았던가. 입에 침이 마르도록 자랑해도 지나치지 않는 곳, 부석사를 찾아가는 작은 수고를 더 이상 미루지 않기를 않았으면 한다. 🌐

부석사 석등 부처의 광명을 상징한다 하여 광명등光明燈이라고도 불리며 대웅전과 같은 중요한 건축물이나 탑 앞에 놓인다. 국보 제18호 부석사 석등은 8각을 기본형으로 하여 화강암으로 만들었으며 화려하고 아름다워 신라시대 석등 가운데 최고로 손꼽히고 있다. 부석사에 갈 때면 석등 사이로 보이는 무량수전 현판을 카메라에 담아보곤 한다.

풍경을
그 리 다

사라진 건축의 그림자
서현 지음 / 효형출판 / 2012년 4월

전통 건축에 대한 관심으로 여러 고택, 오래된 절집을 많이 찾아 다니긴 하지만 보는 데는 한계가 있다. 제대로 된 교육이나 전문서적 한 번 읽어본 적이 없으니 건축학적으로 의미 있는 건물을 봐도 무엇에 감탄해야 하는 지, 왜 역사적으로 주목받는 것인지를 알 수가 없어 답답했던 것이 한두 번이 아니다.

물론 이것이 문외한일 수밖에 없는 일반인들만의 탓은 아니다. 문화재 안내판을 봐도 마찬가지다. 하양下昻이니 부연附椽이니 갈모산방山防이니 하는 말들은 구체적인 설명이 없으면 이해하기 어렵다. 무릇 안내문이란 잘 모르는 사람들이 쉽게 알아듣게 친절하게 설명해주는 역할을 해야 하는데 우리나라의 현실은 그렇지 못하다. 안내문을 보면 머리만 더 아플 뿐이다.

부석사 당간지주 깊어가는 가을날 노랗게 물든 은행나무와 자웅을 겨루듯 우뚝 서 있는 당간지주의 모습이 당당하다. 당간지주는 당불화(佛畵)를 걸었던 장대를 지탱하기 위해 당간의 좌우에 세우는 기둥을 말하는데 사찰이라는 신성한 영역을 표시하기 위한 것으로 '솟대'와도 일맥상통한다.

지금보다 더 모를 때, 나는 오래된 한옥을 볼 때마다 지붕에 눈길이 갔다. 모양이나 크기도 제 각각이지만 건물 꼭대기에 올려져 있는 지붕의 모양에서 그 차이가 확연했다. 맞배지붕, 우진각지붕, 팔작지붕과 같은 정식 명칭은 그 이후에 알게 됐지만 왜 지붕들이 통일성을 갖지 않고 저렇게 다른 모양을 하고 있는 것인가에 대한 궁금증이 늘 있었다.

모양으로만 보자면 단순한 형태인 맞배지붕보다는 우진각지붕이나 팔작지붕이 훨씬 아름답다. 처음엔 단순히 건축학적 미감을 살리기 위해 목수들이 노고를 아끼지 않은 덕분에 저런 형태의 지붕들로 진화, 발전한 것이 아니었을까 생각했었는데 한양대학교 건축학부 교수로 재직 중인 서현 교수의 '사라진 건축의 그림자'라는 책을 보면서 한 수 배울 수 있게 됐다.

과거에는 근처에서 쉽게 구할 수 있는 나무가 건축의 주된 재료가 될 수밖에 없었다. 땅덩어리가 큰 중국이나 상대적으로 강수량이 풍부해 나무의 성장이 유리한 섬나라 일본에 비해 쓸 수 있는 목재의 양과 재질이 한정적이었던 불리한 조건 속에서도 높은 수준의 건축술을 발전시켜 온 목수들의 노력과 재능에 절로 경탄하게 된다.

책을 두 번이나 읽었지만 여전히 건축은 어렵다. 특히나 전통 건축들은 목재를 이용하는 기법들도 생소하고 실생활에서 자주 접할 수 없기 때문에 책 속의 설명들이 머릿속에 잘 들어오진 않는다. 이제 겨우 지붕들의 생김새와 쓰임새에 대해 이해할 수 있게 됐다. 전통 건축의 시작이 어떤 형태였으며 일련의 시행착오를 거쳐 완성을 보게 된 것인지 어렴풋하게 머리에 그려지게 됐다.

저자는 "도편수는 죽을 때 아름다움에 대해 말하지 않았다."고 썼다. 이름난 고건축물을 보며 아름다움을 얘기하는 것이 공허함으로 돌아오지 않으려면 그 건축물을 완성시키기 위한 목수의 모습까지도 찾아낼 수 있어야 한다고 당부하고 있다. 건축에 모든 것을 내어놓고도 그 이름조차 남길 수 없었던 목수들의 처지에 대한 건축가 서현의 안타까움이 느껴지는 대목이다.

건축 자체의 미학에도 여전히 막눈일 수밖에 없는 내게 부담스러운 가르침이긴 하지만 짧은 순간 머무르며 쫓기듯 몇 장의 사진을 남기는 것보다는 훨씬 의미 있는 여정이 될 것만은 충분하기에 그 길을 쫓아 가보려 한다. 지금까지와는 조금 다른 그런 여정을, 수고스러운 발걸음이 시간 낭비에 그치지 않는 답사 여행을 떠나 보련다.

> 전통건축이 진정 아름답다면, 숨이 막힐 만큼 아름답다면, 그리하여 그 답사 여행이 가치가 있고자 한다면, 배우고 외웠던 자연미와 곡선미의 찬사뿐만 아니라 절실하던 목수의 모습도 배경에서 찾을 수 있어야 한다. 단 한 번도 역사에 이름을 남길 기회를 얻지 못했던 그들의 존재가 침묵의 건물을 통해 드러나지 않을 때, 우리 앞의 그것은 단지 나무토막의 조합에 불과하다. 그때 되뇌는 아름다움은 가식적이고 찬미는 공허하다. 마음에 각인되지 않고 스치는 노정의 여행은 시간 낭비에 지나지 않는다.
>
> — 저자의 말 중에서

운주사 雲住寺

굳이 의도한 것은 아니었지만 다시 운주사를 찾은 것도 가을이었다. 어느 때라도 나쁘지 않겠지만 구름이 머무는 절, 운주사는 가을이 제격일 것 같다. 이 절은 말이나 글로 표현하기 힘든 묘한 매력을 지니고 있어서 돌아서는 발걸음이 아쉽고, 매번 다음을 기약하게 만든다.

운주사를 처음 찾았던 것은 해가 뉘엿뉘엿 넘어가던 어느 가을날 오후였다. 하늘은 청명하기 그지없었고, 운주사 위에 머물러 있는 하얀 구름이 절 이름과 참 잘 어울린다는 인상을 받았던 기억이 난다. 이렇게 마음에 쏙 드는 절을 이제 서야 알게 되었을까 하는 아쉬움과 이제라도 알게 되었으니 다행이라는 안도감이 교차하기도 했었다.

절이 크고 웅장해서 그런 것은 결코 아니다. 주변 풍광이 수려해 사람의 마음을 쏙 빼놓을 정도라서 그랬던 것도 물론 아니다. 운주사는 지금까지 다녀본 사찰과는 전혀 다른 독특한 느낌을 주는 곳이었다. 절 입구에서 표를 끊어 들어가 맨 처음 일주문을 만나게 되는 것은 여느 사찰과 별반 다르지 않다. 조금만 더 걸어 들어가면 높다랗게 솟아있는 수많은 석탑이 나타난다. 석가탑이나 다보탑까지는 아니더라도 보통의 사찰 경내에서 흔히 볼 수 있는 정제된 조형미의 석탑들이 전혀 아니다. 누군가가 건성건성 쌓아올린 듯 보이기까지 할 정도다.

천불천탑의 운주사 운주사 일주문을 지나 조금만 걸어 들어오면 이처럼 수많은 부처님과 탑들을 마주하게 된다. 미적 감각은 턱없이 떨어질지라도 나와 비슷한 그 누군가의 마음이 느껴져 위로를 얻는다.

운주사 부부 와불 거대한 바위 위에 금슬 좋은 모습으로 누워 있다. 도선 스님의 명으로 불상을 만들고 있던 석공이 날이 새 급히 하늘로 올라가느라 미처 일으켜 세우지 못했다는 얘기가 전해진다. 전남 화순군에서 세계문화유산 등재를 추진중이라고 한다.

석탑이 다가 아니다. 바로 곁에는 암각화로 그려지거나 바위에 조각된 수많은 석불들이 세워져 있는데 그 숫자가 얼마나 되는지 헤아리기도 힘들 정도로 많다. 석탑과 마찬가지로 이 석불들도 전혀 세련된 모습이 아니다. 분명 전문적으로 돌을 다루던 석공이 아닌 일반인의 솜씨임이 분명하다. 세련되진 못하되, 그 표정들이나 생김새가 아주 정겹다.

'천불천탑千佛千塔의 절'이라는 말이 괜히 나온 것이 아닌가 보다. 과거에는 정말로 천 개의 석탑과 천 개의 불상이 있었을지도 모른다는 생각이 든다. 기록에 의하면 1942년까지 이 절에는 213개의 석불과 30개의 석탑이 있었는데, 지금은 석불 70개와 12개의 석탑만이 남아있다고 한다.

전해지는 얘기로는 운주사를 창건한 도선 스님이 우리나라의 지형을 배로 파악해 보니 배의 중간허리에 해당하는 호남이 영남지역보다 산이 적어 배가 기울 것을 염려해서 천 개의 석탑과 불상을 하룻밤 사이에 만들었다 한다. 그 중 특이한 것이 바로 와불臥佛이다. 운주사에 오면 이 와불을 꼭 만나보고 가야 한다. 부부 와불이라고도 불리는데 이 와불은 운주사의 천불천탑 가운데 가장 늦게 만들어진 부처님이라고 한다.

이 부부 와불은 길이가 무려 12m, 너비가 10m에 달하는 바위에 나란히 누워 있는 모습으로 조각되어 있다. 이 와불이 일어서는 날 세상이 뒤바뀌고 1,000년간 태평성대가 이어질 것이라는 흥미로운 전설이 전해져 온다. 이것 또한 미륵신앙과 연관이 되어 있다고 하는데, 그 옛날 힘들었던 삶을 미래의 미륵불에 의지하며 지탱했던 민초들이 떠오른다. 현실의 고난함마저 한 줄기 희망의 끈을 부여잡고 견뎌 내고자 했던 옛사람들의 간절한 바람으로 이해할 수 있지 않을까.

사람들의 발길이 끊긴 절집은 한없이 고요하다. 이곳에 들어서면 무수한

욕심과 번뇌에 사로잡힌 사람들의 마음까지도 이내 깊이 가라앉을 듯하
다. 스님의 목탁 소리와 이따금씩 울려 퍼지는 풍경 소리만이 산사의 적
막을 일깨운다. "말씀은 가만가만, 걸음은 조용히"라는 푯말이 없더라도
누구나 절로 발걸음을 조심하게 된다.

운주사 주변을 관광지로 개발하려는 움직임이 있어 아마도 다음에 운주
사를 다시 찾게 된다면 이곳의 모습과 분위기가 조금은 달라져 있을 것
같다. 드라마 촬영지로 사람들에게 알려지다 보니 지자체에서 욕심을 내
는 것도 이해가 되지 않는 것은 아니지만 왠지 씁쓸한 마음이 드는 것도
사실이다.

예전보다 좀 더 많은 사람들의 발걸음과 말소리가 절의 고요함을 깨워 주
리라. 정제된 조형미와는 한참 거리가 먼, 투박함과 애달픈 민초의 삶이
투영되어 있는 불상과 불탑들 앞에서 얼마나 많은 사람들이 위로를 받고,
혹은 누군가를 위로하고 돌아갈 수 있을까.

운주사를 돌아 나오는 길에 한참 동안 불상들을 말없이 바라보고 있노라
니 마치 아는 이의 얼굴을 보는 듯하다. 따뜻하게 안아주고, 쓰다듬어 주
고 싶다는 생각이 든다. 그럼으로써 나 또한 위로받고 구원받을 수 있을
것 같다. 오랜 세월 동안 깨지고, 갈라지고, 으스러진 불상과 불탑처럼
상처를 품에 안고 살아가는 사람들에게 운주사는 앞으로도 변함없이 따
스하고 넉넉한 품과 같은 절이 되었으면 좋겠다. 🪨

운주사 다층석탑 운주사에서는 다양한 형태와 기하학적 무늬가 새겨진 석탑들을 쉽게 만날 수 있다. 불심이 충만한 누군가가 정과 망치만 들고 와 운주사 구석구석에 탑과 부처를 만들었을 것이라는 상상이 충분히 가능한 대목이다.

| 풍경을
그리다

시가 내게로 왔다
김용택 지음 / 마음산책 / 2001년 4월

자기 마음에 있는 생각들을 하나도 숨김없이 시로 드러내놓기란 얼마나 어려운 일인가. 김용택 시인은 서정주의 시 '상리과원上理果園'을 읽은 감회를 써내려가면서 시를 쓴다는 것, 시를 읽는다는 것의 어려움을 토로하고 있다. 자기의 마음을 한 치의 어김도 없이, 조금의 가감 없이 표현한다는 것 자체가 어려운 일이다. 하물며 압축되고 정제된 단어를 통해 시詩라는 형식으로 만들어내야 하는 시인의 '창작의 고통'은 더 할 말 필요도 없을 터.

'시가 내게로 왔다'는 김용택 시인이 문학을 공부하면서 읽었던 시인의 시 중에서 오랫동안 남아 빛나고 있는 시들을 묶어 한 권의 책으로 펴낸 것이다. 박용래 시인의 '겨울밤'으로부터 서정주의 '상리과원上理果園'에 이르기까지 총 마흔아홉 편의 시가 담겨 있다. 그 모두가 "시인 김용택이 사랑하고, 감동하고, 희구하고, 전율한 시들"인 것이다.

우리는 초등학교 때부터 대학의 교양강의에 이르기까지 국어 시간을 통해 수많은 시들을 감상해 왔다. 엄밀히 말하자면 감상이라기보다는 시험을 위해 분석하고 그 속에서 정형화된 답을 도출해 내온 셈이다. 시어에 담긴 시인의 수많은 상징과 은유를, 시인의 마음을 제대로 알지도 못하면서 말이다.

여전히 내게 시란 것은 어렵다. 예전보다 시를 좀 더 자주 접하려 노력하고, 시를 읽으며 마음에 잔잔한 물결이 일어나는 놀라운 경험을 가끔 하기도 하지만 고개를 갸웃하게 되는 경우가 솔직히 더 많다. 이러이러한 시인의 시가 좋다고 하는데, 읽어봐도 왜 좋은지 모르겠으니 문학적 감성이라는 것이 벼락치기 공부하듯 한다고 해서 저절로 샘솟는 게 아니라는 건 확실한 것 같다.

그래도 포기하지 않고 시를 읽어보려 한다. 외로우니까 사람이라며, 가끔은 하느님도 외로워서 눈물을 흘리시고, 산 그림자도 외로워서 하루에 한 번씩 마을로 내려오고, 종소리도 외로워서 울려 퍼진다며 우리를 위로하는 시인에게서 잠시 숨 고를 여유를 얻는다. 산에 가도, 바다에 가도, 님하고 가면 좋다는 시인의 마음은 보통의 평범한 우리를 쏙 빼닮았다. 우리도 시인이 될 수 있고, 우리의 말이 시가 될 수도 있다는 것에 희망을 품어 보는 것이다.

> "소설은 한번 읽으면 다시 읽기가 어렵지만 시는 그렇지 않다. 읽으면 읽을수록 읽는 맛이 새롭게 생겨난다. 시를 읽는 사람의 '지금'의 감정과 밀접하게 작용한다는 말이기도 하다. 시의 감동은 멀리서 느리게 오나, 오래도록 가슴에 남는다. 그래서 시다."

김용택 시인이 에필로그에 남긴 말인데 참 오래도록 여운이 남는다. 그런 것 같다. 좋은 시를 읽으면서 느끼는 감동은 천둥벼락처럼 내 가슴을 때리기보다는 하얀 천에 아름다운 빛깔이 스며들 듯 느리게 오지만, 쉬 사라지지 않고 오랫동안 진한 향기로 남아 때로는 가슴을 먹먹하게 하기도 하고, 슬며시 웃음 짓게 하기도 한다.

시에 문외한이었던 내게 시를 읽는 즐거움을 일깨워 준 이에게 고마움을 표한다. 시를 읽고 있자면 어느새 나는 휘영청 밝은 보름달이 쏟아지는 강변을 거닐기도 하고, 운주사 와불 옆에 팔베고 누워 조용히 엄마를 부르기도 하고, 산사의 적막을 깨는 풍경소리에 담긴 애끓는 그리움을 좇기도 한다. 그때가 바로 시가 내게로 온 바로 그 시간이다.

감은사지 感恩寺址

진부한 표현이지만 경주는 신라 천년의 고도古都다. 세계 역사를 통틀어서도 신라처럼 천년 가까이나 유지된 국가도 드물뿐더러 경주와 같이 한 도시가 단 한 차례의 천도 없이 수도로서 국가와 운명을 같이 한 경우는 거의 없다고 봐야 할 것이다. 그래서 신라를 빼고 경주를 얘기할 수도, 경주를 빼고 신라라는 나라를 논할 수도 없다.

신라의 멸망 이후 다시 천년의 세월이 훌쩍 흘렀다. 화려했던 고대 왕국의 흔적은 이제 역사책에서나 온전히 되살펴볼 수 있게 되었다지만 지금도 경주의 구석구석에서 세월의 파편破片으로 남아 있는 천 년 전 사람들의 손길을 느껴볼 수 있다. 귀중한 역사적 가치를 지닌 문화재가 그저 여염집 빨래판으로 쓰일 정도니 후세 사람들의 무지를 욕하기보다는 지금도 풍성하게 남아 있는 과거의 흔적들에 오히려 감사해야 할지도 모를 일이다.

몇 해 전 새로 뚫린 추령터널을 지나 동해바닷가 문무대왕릉에 이르는 도로를 따라가다 보면 나지막한 산 아래 우뚝 서 있는 두개의 탑을 만나게 된다. 마치 쌍둥이처럼 닮아 있는 두 탑이 바로 감은사지 3층 석탑이다. 유홍준 교수가 '나의 문화유산답사기'에서 그 감동을 제대로 표현할 수 없어 "아! 감은사여, 감은사탑이여. 아! 감은사탑이여. 아! 감은사……."로 끝맺어야 했던 바로 그 탑이다.

감은사지 3층석탑 2006년 보수에 들어가기 전의 모습이다. 2층의 기단 위에 3층의 탑신을 쌓아 올린 형태인데 재미있는 것은 각 부분들이 하나의 석재로 이루어진 것이 아니라 수십개의 돌들을 조립해 만들어졌다는 점이다.

탑에 새겨진 천년의 흔적 천년의 세월 속에 천년의 상처가 아로새겨져 있다. 여러 차례 복원을 했지만 여전히 깨어지고 으스러진. 그러나 꿋꿋이 영겁의 세월을 버텨온 상처 투성이의 탑을 바라보는 것만으로도 위안이 된다.

유홍준 교수는 추령재를 넘어 감은사 가는 길을 우리나라에서 첫째, 둘째는 아닐지 몰라도 최소한 빼놓을 수 없는 아름다운 길이라 극찬하고 있다. 나 역시 이에 동의하지 않을 방법이 없다. 단풍이 곱게 물드는 가을에 산과 호수와 강을 끼고 구불구불 펼치는 이 길을 지나노라면 절로 탄성이 터져 나온다.

지금은 새로 생긴 터널을 이용해 빠르고 수월하게 다닐 수 있게 되었지만 예의 그 절경絶景을 오롯이 다 볼 수 없다는 아쉬움 또한 크다. 이곳을 지날 때면 어린 시절 버스를 타고, 혹은 외딴 시골 가게에 물건을 납품하러 다니시던 외삼촌의 오래된 트럭 앞자리에 올라타고 구절양장九折羊腸과도 같은 추령재를 넘던 오래된 추억이 떠올라 혼자 웃음 짓곤 한다.

감은사는 경주시 양북면에 용당리에 있는 천년 고찰이다. 지금은 석탑만 덩그러니 남아 있으니 감은사지라는 표현이 정확하겠다. 삼국을 통일한 문무왕이 새 국가의 위엄을 세우고, 시시때때로 침범해 오는 동해의 왜구倭寇를 부처의 힘으로 막아보고자 하는 염원을 담아 세운 절이다. 불행히도 문무왕은 생전에 사찰의 완성을 보지 못했고, 아들인 신문왕 2년에 이르러 마침내 감은사가 완공된다.

감은사는 쌍탑일금당雙塔一金堂이라는 통일신라 절집 배치의 모범을 보여주고 있다. 삼국시대 신라의 1탑 중심 형태에서 통일신라 시기 쌍탑 가람으로 가는 최초의 형태인 것이다. 금당 앞에 세워져 있던 석탑은 2단의 기단 위에 3층의 탑신을 쌓아 올린 형태로, 동탑과 서탑은 서로 같은 형태와 양식을 보여주고 있다. 지금껏 천년이 넘는 세월을 견뎌내고 있는 한 쌍의 삼층석탑이 신라 조형예술의 절정이라고 칭송받는 석가탑의 시원始原이라 하니 그저 허투루 보아 넘겨서는 안 될 것 같다.

감은사지는 그다지 유명한 사찰은 아니다. 어떤 이는 양북 바닷가의 문무대왕릉을 보러 가는 길에 덤으로 이곳을 찾기도 한다. 그러나 확실한 것은 그에 못지 않은 역사적 가치를 감은사지 삼층석탑이 지니고 있다는 점이다. 천년의 세월 속에 천년의 상처가 아로새겨져 있는 것이 바로 감은사지 삼층석탑이다.

분명 오래되고, 낡고, 허물어져 가는 곳인데도 이곳에 오면 언제나 마음이 따뜻해져서 돌아간다. 여러 차례 복원을 했다고는 하지만 여전히 군데군데 금이 가 있고, 천여년의 비바람 속에 으스러진 자국이 남아 있는 두 개의 탑을 바라보는 것만으로도 위안이 된다. 뭐라 설명할 수 없는 힘을 얻을 수 있어서 좋은 곳이다.

볼거리가 많은 곳은 결코 아니다. 그리 넓지 않은 절터에는 휑하니 두 개의 탑만이 서로를 바라보며 말없이 서있다. 맞은편에는 산과 들과 강이 어우러져 넓은 동해 바다로 이어진다. 세찬 바닷바람과 맞닥뜨려야 하는 겨울에는 잠시도 서 있기 어려울 정도로 춥다. 한여름 뙤약볕을 막아줄 것도 없는 이곳이 왜 이리도 끌리는 것일까.

이곳에 오면 늘 뒷짐을 지고 여유롭게 몇 번을 거닐어 보곤 한다. 이 절의 금당 터는 지금까지도 잘 보존되어 있다. "죽어서도 동해 바다의 용이 되어 신라를 지키겠다"는 유언을 남긴 부왕 문무왕의 유지를 받들어 이 절을 지은 신문왕이 용이 절에 출입할 수 있는 구조로 만들었다고 하는 설화를 떠올리며 상상의 나래를 펴본다.

이 탑에만 서면 나는 늘 작아진다. 물론 탑의 높이가 무려 13.4m에 이르니 압도감을 느끼는 것이 당연한 일일지도 모르겠다. 하지만 탑의 높이보다는 천년 이상을 같은 자리에 서 있었다는 것에서 더 큰 경외감을 느낀다. 이 짧은 인생을 살아가는 것도 버겁게 느껴지는데 오랜 영겁永劫의 세월을 묵묵히 살아왔다는, 엄청난 세월의 무게를 버티고 견뎌 왔음에 고개 숙이게 된다.

이곳 풍경은 상상력을 일깨워준다. 절 앞의 대종천에 물이 넘실넘실 대고, 넓은 들판에는 누렇게 익은 벼들이 황금물결을 이루고 있는 모습을 그려 본다. 때마침 이는 바람에 풍경風磬소리가 그윽하게 울리고, 해가 뉘엿뉘엿 넘어가는 탑 그림자가 동해 바다에까지 길게 늘어지는 한없이 여유롭고 고요한 그림 속에서 나 또한 풍경風景이 되어 거닐어 본다. 🌸

풍 경 을
그 리 다

멋지게 나이 드는 법 46
도티 빌링턴 지음, 윤경미 옮김 / 작은씨앗 / 2009년 11월

사람들은 흔히들 드라마나 영화의 결말을 궁금해하곤 한다. 해피엔딩일까 새드엔딩일까 갑론을박하는 인기 드라마 같은 경우엔 시청자들의 압박에 의해 결말 자체가 바뀌는 경우도 있다고 한다. 그런데 정작 자신이 살아가는 인생의 결말에 대해 깊이 생각해 보는 사람들은 몇이나 될까.

세상에 태어났으면 누구나 늙고 또 죽는다. 그게 인생사의 법칙이다. 불멸의 삶을 갈구했던 진시황제도 결국 죽었다. 어느 누구도 그 필연의 법칙을 어긋날 방법은 없다. 그러니 잘 사는 방법뿐만 아니라 잘 죽는 방법에 대해서도 진지하게 고민해 봐야 한다. 멋지게 늙어서 꽤 괜찮은 인생의 끝을 맞이하는 것이 결국 한 인간의 마지막 모습으로 기억되는 것이기 때문이다.

누구나 나이 드는 것을 두려워한다. 특히나 여자들은 노화에 대해 끔찍하게 여긴다. 정도는 덜할지 몰라도 남자들 역시 희끗희끗 서리가 내리는 머리카락, 탄력을 잃어가는 피부, 깊게 패어가는 주름살을 마주 대하는 것이 싫고 두렵다. 남자나 여자나 나이 드는 나 자신을 보는 것은 싫은 일이다.

하지만 어쩔 수 없는 일이다. 사람이 태어나 나이 들고 죽는 것은 지극히 당연한 일이다. 담담히 받아 들여야 한다. 더 나아가 내 인생의 마지막 결말이 좀 더 아름답고 고결한 것이 될 수 있도록 노력해야 한다. 사람이 태어나는 것이 해돋이라면 한 인생의 마지막은 일몰인 것이다.

해가 뉘엿뉘엿 서산으로 넘어가기 직전 가장 강렬하고 화려한 빛을 내는 순간이 바로 일몰의 순간이다. 그렇다고 해서 매일의 일몰이 아름답고 강렬한 것은 아니다. 공기가 깨끗해야 하고 하늘이 맑아야 하고, 그 밖에도 이것저것 많은 조건들이 맞아 떨어져야 비로소 아름다운 일몰을 맞을 수 있는 것이다.

그런 멋진 일몰을 맞이하기 위해 우리는 멋지게 나이 드는 법을 배워 볼 필요가 있다. 두렵다 해도 언젠가는 필연적으로 맞닥뜨리게 될 죽음을 회피해서는 안 된다. 모르는 척 한다고 해서 우리가 죽음에서 자유로울 수는 없는 노릇이니까. 그 마지막이 좀 더 멋있는 순간, 절정의 아름다움을 드러낼 수 있는 시간이 될 수 있도록 나 자신을 가꾸고 가다듬을 필요가 있다.

도티 빌링턴은 우리가 멋지게 나이 드는 마흔여섯 가지 방법을 한 권의 책으로 소개시켜 주고 있다. 그 46가지 방법은 하나같이 놓치면 안 될 중요한 것들이지만 내게 특히 인상적으로 다가온 것을 몇 가지 소개하자면 우선 '우리의 황금기는 아직 오지 않았다'는 것이다.

인생의 황금기가 언제라고 생각하는가? 꿈을 무럭무럭 키워나가는 10대 시절? 무엇이든 이룰 수 있을 것 같은 무한질주의 시대 20대? 뭔가 인생을 좀 알고 사회의 중추로 자리 잡아 가는 30대? 글쎄 젊음과 패기, 열정은 있되 삶의 본질을 꿰뚫어 볼 만한 통찰은 부족한 나이인 것 같다. 사람은 죽을 때까지 철들지 못하는 경우도 많으니 인생의 황금기는 죽음을 앞둔 그 어느 때쯤이 아닐까 생각해 본다.

또 하나, 행복은 목적지가 아니라 여행지라는 사실을 잊지 말자. 왜 사는가 하는 질문에 누군가는 행복하기 위해서라고 대답한다. 하지만 행복이 목적이 될 수는 없다. 삶의 순간순간에서 행복을 느끼는 것이지, 어딘가 있을 행복을 찾기 위해 지금의 시간을 감내해야 할 고난의 시간으로 여겨서는 결코 안 될 일이 아닌가.

이 책을 다 읽고 나면 멋지게 나이 들기 위한 마흔여섯 가지 방법이 결코 멀리 있는 것이 아니라는 것을 알게 된다. 누구나 다 아는 일이지만 이런저런 핑계를 들어 실천하지 못하는 것뿐이다. 아직 살아갈 날이 많은 젊은이라면 아직 방황을 계속 해도 괜찮겠지만 살아온 날 보다 살날이 짧은 나 같은 사람에겐 이 책의 한 구절 한 구절이 새삼 다른 의미로 다가온다.

봉정사鳳停寺

일상의 번잡함을 지워 보려 절을 자주 찾게 된다. 산사에 와서 그저 바람에 몸을 내맡기고 있노라면 울려 퍼지는 풍경소리와 스님의 고요한 독경소리, 목탁 소리만이 혼탁한 속세의 소리를 잠재워 줘서 참 좋다. 그중에서도 안동 봉정사는 내가 자주 찾는 단골 절집 중 한 곳이다.

봉정사는 경북 안동시 서후면의 천등산에 자리 잡고 있는 오래된 사찰이다. 봉정사는 신라 문무왕 때 의상대사의 제자인 능인대사가 최초 창건한 것으로 추정하고 있다. 능인대사가 젊은 시절 대망산(천등산의 옛 이름) 바위굴에서 수도를 하고 있었는데 스님의 도력에 감복한 천상의 선녀가 바위굴에 등불을 내려 환하게 밝혀주었다 하여 그때부터 산 이름을 천등산, 굴을 천등굴이라 불렀다는 이야기가 전해진다.

후에 더욱 수행에 정진하던 스님이 종이 봉황을 접어 날리니 봉황이 이곳으로 날아와 머물렀다 하여 봉황 봉鳳, 머무를 정停자를 붙여 봉정사라 이름을 지었다고 한다. 원래 모든 이름에는 그에 어울릴만한 전설이 전해져 내려오는 법인데, 이곳 봉정사 역시 예외는 아니다.

영산암 마당 아기자기하게 꾸미기를 즐기는 어느 사대부 집안의 마당을 보는 듯 하다. 정연하고 단정해야 할 수
도자의 집 마당에 어울리지 않을 법한 화려하고 세속적인 느낌이 물씬 풍기는 곳이다. 작고 아름다운 절집이기에
영화 〈달마가 동쪽으로 간 까닭은〉이 이곳에서 촬영되기도 했다.

대부분의 오래된 사찰이 산중에 있는 것은 마찬가지지만 이곳 봉정사는 입구에서 절에 이르는 길가의 숲길이 무척 아름답다. 아름드리 소나무를 비롯해 다양한 나무에서 내뿜는 맑은 공기가 심신을 맑게 해주는 느낌이다. 얼마 전에는 진입로를 아스팔트로 포장했는데, 깔끔한 느낌은 들지만 자연스러운 느낌이 덜해 아쉬움이 남는다.

봉정사를 찾는 사람들 중에 모르고 스쳐 지나는 곳이 한곳 있는데, 요사채 뒤편의 낮은 산자락에 자리 잡고 있는 영산암靈山庵이 바로 그곳이다. 영산암은 봉정사에 딸린 참선방으로 '달마가 동쪽으로 간 까닭은'이라는 영화를 촬영한 곳으로도 알려졌다. 화려한 볼거리가 있는 곳은 아니지만 꼭 들러봐야 할 만한 이유가 있다.

한눈에 봐도 오래된 티가 확연한 우화루雨花樓 밑으로 난 작은 대문으로 몸을 숙이고 영산암에 들어서면 작은 승방이 몇 곳에 나뉘어 있다. 영산암에서 눈여겨봐야 할 것은 건물이 아니라 바로 마당이다. 이 넓지 않은 마당에는 절에는 이울리지 않아 보이는 인공의 아름다움이 느껴진다.

유홍준 교수는 영산암 마당을 두고 감정의 표정을 이렇게 많이 담은 마당을 본 적이 없노라고 얘기했다. 봉정사의 기도처인 대웅전과 극락전의 앞마당은 정연한데 반해, 영산암 앞마당은 일상의 편안함이 깃들어 있다는 것이다. 문외한인 내 눈에도 분명 영산암은 보통의 절이나 암자에서 느껴지는 엄격한 규율보다는 자연스러운 일상이 묻어난다.

영산암 가는 돌층계 봉정사 요사채 뒤편을 돌아 나와 계단을 걸어 오르면 영산암을 만나게 된다. 〈달마가 동쪽으로 간 까닭은〉이라는 영화를 찍고 나서 찾는 이들이 많아지자 계곡을 메우고 돌층계를 만들었다고 하는데 세월이 흐르니 원래 있던 길처럼 자연스러워졌다. 옛 것의 그윽한 맛은 덜하지만 자연석으로 쌓은 돌층계와 울창한 숲이 허전함을 가려준다.

그래도 봉정사하면 자연스레 떠오르는 것이 바로 극락전이다. 봉정사의 대표적인 극락전은 현존하는 우리나라 최고의 목조건물로 인정받고 있다. 극락전은 국보 제15호로 지정되어 있고 봉정사를 찾는 사람들이 꼭 들러 보는 필수코스이기도 하다. 그런데 나는 가장 오래된 목조건물이라는 역사적 가치로 인해 봉정사를 대표하는 건물이 된 극락전보다 대웅전이 좋다. 대웅전이 더 고풍 찬연하게 느껴지고 더 아름다워 보인다. 넓은 마당에 탑도 하나 없이 덩그러니 외로워 보이는 이 대웅전에서 만세루를 바라보는 전망이 시원스럽다.

비 내리던 어느 여름날 만세루 마루에 앉아 하염없이 쏟아지는 빗줄기를 바라보던 생각이 난다. 세월은 부질없이 흐르고 만세루도 그 세월만큼 또 나이를 더 먹었다. 세상에 영원한 것은 없다는 평범한 진리를 또 한번 깨우치고는 뒤돌아 합장하고서 봉정사를 내려온다. 🏵

봉정사 극락전 현재 우리나라에 남아 있는 목조건축물 가운데 가장 오래된 것이지만 건축적 아름다움은 그리 빼어나지 못하다는 평가다. 1973년 해체수리 때 발견된 묵서명에 의하면 1363년 중수가 있었다고 하는데 이를 통해 학계에서는 극락전의 건립연대를 13세기 이전으로 추정하고 있다.

풍 경 을
그 리 다

시골의사 박경철의 자기혁명
박경철 지음 / 리더스북 / 2011년 9월

성급해할 필요는 없다. 물은 99도가 될 때까지 끓지 않는다. 100도가 되기를 기다리는 인내와 여유가 필요하다. 내가 노력하고 있다면 기다림도 당연하게 받아들이는 여유가 있어야 한다. 세상의 모든 것은 발효 과정이 필요하다. 무언가를 시작해서 당장 성과를 얻는 것은 그야말로 운이다. 하필 행운의 여신이 나만 피해갈 리 없고, 하필 불행의 여신이 내 발목만 잡을 리도 없다. 인생은 정직한 것이다. 묵묵히 걸어가라. 결과를 두려워할 필요도 없다. 이것이 바로 필자의 인생에서 아쉬웠던 점이자 이 시대의 청년들에게 하고 싶은 말이었다.

— 에필로그 중에서

이 시대를 살아가는 청춘들에게 권하고 싶은 책이다. 시골의사라는 이름
으로 더 익숙한 외과의사 박경철의 '자기혁명'이란 책이 바로 그것이다.
저자는 에필로그를 통해 그가 인생을 살아오면서 아쉬웠던 점을 이 시대
의 청춘들에게 깨우쳐 주고자 한다. 그것은 바로 철학자의 심장으로 고뇌
하고, 시인의 눈으로 비판하며, 혁명가의 열정으로 실천하라는 것이다.

저자의 책들을 여러 권 샀었는데 그중에 읽은 것도 있고, 여전히 책꽂이
에 가지런히 꽂혀 있는 책도 있다. '시골의사의 아름다운 동행'이 전자라
면 '시골의사의 부자경제학'은 후자에 속한다. 외과의사임에도 불구하고
경제학에 관심을 가지고 공부한 끝에 라디오와 케이블TV의 프로그램 진
행을 맡을 정도로 전문가의 경지에 올랐다지만 내겐 그가 본업인 외과의
사로서 환자들을 성심으로 대하며 느꼈던 것들이 마음에 더 와 닿았던
것 같다.

그런 그가 청춘의 멘토로서 소임을 다하기 위해 내놓은 이 책은 시사하
는 바가 크다고 힐 것이다. 이 책은 지자가 지닌 6년간 여리 강연, 청춘
콘서트 무대를 통해 중·고등학생, 대학생, 학부모, 선생님들과 나눴던 대
화의 기록이다. 그 수많은 대화들을 한층 더 완성된 문장으로 숙성, 발효
시킨 노력의 결과물이라고 할 수도 있겠다.

"젊은이여 꿈을 가져라."라고 쉽게 얘기는 하지만 현실은 그리 녹록치가
않다. 천정부지로 치솟는 등록금을 내기 위해 아르바이트 전선으로 내몰
리는 이 땅의 청춘들에게 세상의 변혁을 꿈꾸는 혁명가가 되라 얘기할 수
있을까. 감히 깊은 사색의 철학을 공부하고, 시인의 아름답고도 냉철한
감성을 좇으라 할 수는 없을 것 같다.

봉정사 만세루 아직은 한기가 느껴지던 겨울날이었지만 따사롭게 내려쬐는 오후의 햇살이 추위를 잊게 해주었다. 동장군이 아무리 매섭다한들 스멀스멀 스며드는 봄기운을 이길 수 있을까. 만세루에 앉아 햇볕을 쬐고 있던 그 누군가도 봄을 기다리고 있던 것이렷다.

저마다 취업이 당면한 인생의 최대 과제가 되어버린 청춘들에게는 그래서 스펙 쌓기가 눈앞에 떨어진 불덩이다. 그것은 사실 그들의 책임과 잘못이 아니다. 그들을 신자유주의의 무한 경쟁 속으로 내몰아버린 시스템의 문제요, 기성세대의 무책임이 낳은 비극이 아닐 수 없다. 그런 까닭에 청년은 당연히 이러해야 한다는 식의 가르침이 어쩌면 위선으로 느껴질 지도 모를 일이다.

하지만 시골의사 박경철의 글에서는 진실이 느껴진다. 성공한 인생을 산 선배가 제 잘난 맛에 지껄이는 공허한 말들이 아니라 그 역시도 치열하게 고뇌하고, 시행착오를 거듭하며 찾아왔던 물음들에 대한 답들이기에 의미가 있는 것이다. 호흡을 깊게 하고 이 책을 읽어볼 것을 권해 본다.

저자 스스로는 수준 낮은 에세이라며 겸손했던 '응시凝視'에 관한 이야기에 여운이 남는다. 안동 봉정사를 초가을 무렵에 찾아 인적이 없어 적요한 산사를 홀로 거닐며 느꼈던 감흥을 기록한 글이다. 차를 타고서는 불과 몇 분이면 오르는 길을, 사방에 널린 자연을 의식하며 한참 동안 걸으며 사물을 바라볼 때 느껴지는 넓은 깊은 응시의 충만함에 가슴이 벅차다.

선암사 仙巖寺

'깊은 산 속의 깊은 절'이란 표현은 유홍준 교수님의 '나의 문화유산답사기'에서 빌어온 것이다. 그는 선암사를 소개하는 글을 마무리하면서 우리나라 산사의 미학적 특질을 이렇게 표현했다. 사실 깊다는 표현은 산이나절에 어울리지는 않다고 해야겠지만 우리가 일상적으로 사용하고 있기도하고, 또한 이 말처럼 우리 땅이 지닌 풍광의 특징을 단적으로 잘 나타내는 것도 없다고 생각된다.

선암사는 전남 순천시 승주읍의 조계산 동쪽에 위치해 있는 사찰이다. 조계산 건너편엔 송광사라는 또 하나의 큰 절이 자리 잡고 있다. 신라 진흥왕 3년에 아도 화상이 창건한 고찰로 전해지고 있다. 아름다운 풍광을자랑하는 절이지만 사찰 운영을 놓고 조계종과 태고종 종단 사이에 해묵은 갈등을 빚어 세간에서 불미스러운 화제를 모으기도 했었다.

선암사에 이르는 숲길은 참 아름답다. 계곡을 끼고 돌아나가는 길을 걷고있노라면 쉼 없이 흐르는 물소리와 상쾌한 숲 속의 공기만으로도 복잡한마음들이 씻겨지는 것 같은 기분을 느끼게 된다. 아쉬운 것이 있다면 역시 깊은 산사에 어울리지 않게 지나치게 넓다는 것이다. 좋은 길은 좁을수록 좋고, 나쁜 길은 넓을수록 좋다고 했던가.

선암사 계곡의 가을 조바심 내며 바삐 걷던 길에서 잠시 내려 계곡에 머물러 보자. 한참을 머무르며 물소리, 새소리, 바람소리를 들으며 세상사의 번뇌를 씻어 보는 것도 좋을 것이다.

선암사의 제1경 승선교 이 다리를 건너면 마침내 불국토로 들어선다. 보물 제400호 선암사 승선교는 조선 숙종 때 처음 만들어졌는데 지금은 갈 수 없는 금강산 장안사 입구의 비홍교와 더불어 가장 아름다운 무지개다리로 손 꼽힌다.

이 아름다운 숲길의 끝자락에 그 유명한 승선교昇仙橋와 강선루降仙橋가 놓여 있다. 승선교 아래로 내려가 계곡에서 강선루를 바라보는 느낌은 여전히 좋다. 처음 승선교를 찾았던 이유 역시 바로 이 아름다운 돌다리를 눈으로 직접 보고 싶다는 간절한 마음 때문이었는데, 그 먼길을 찾아온 노고가 전혀 아깝지 않을 만큼 훌륭한 풍광을 자랑한다. 승선교를 통해 본 강선루의 모습. 선암사를 대표하는 풍경이라고 할 수 있겠다. 가히 선암사의 제1경이라 불릴만 하다.

"냇물이 잔잔히 흐를 때는 무지개다리가 물속의 그림자와 합쳐 둥근 원을 그린다. 그럴 때 계곡 아래로 내려가 보면 그 동그라미 속에 강선루가 들어앉은 듯 보인다."는 유홍준 교수의 설명 그대로다. 보물 제400호로 지정되어 있는 이 승선교를 한참 바라보고 있노라면 주변에 흔하게 널린 돌들을 가지고 어쩌면 이리도 단정한 다리를 만들었을까 하는 생각에 나도 모르게 탄성이 절로 나온다.

원래는 진입로를 따라오다 아래쪽의 작은 돌다리를 건너 왼편으로 건너온 후 위쪽의 큰 승선교를 지나 다시 계곡 오른편으로 건너오게 디귿자 형태의 동선으로 되어 있었다고 한다. 그러던 것이 오른편에 새로 넓은 진입로가 만들어지면서 지금은 이 승선교를 건너지 않고 바로 강선루를 지나는 사람들이 대부분이다.

승선교가 선암사의 제1경第一景이라는 데는 이견이 없지만 그에 못지않은 멋진 경치가 바로 조계문에 이르는 길이 아닐까 한다. 선암사의 출입문 격인 조계문에 이르는 길은 보통의 절과 달리 S자 형태로 살짝 휘어진 형태를 보이고 있다. 가을인데도 아직은 온통 푸른빛을 지닌 울창한 숲을 지나 조계문에 닿는 그 순간이 선암사를 찾을 때 느끼게 되는 두 번째 행복인 것 같다.

또 하나, 선암사의 명소라면 해우소解憂所를 빼놓을 수 없다. 그 끝이 어딘지 알 수 없을 정도의 깊이에 매료될 것이다. 혹시나 선암사에 들러 해우소에서 볼일을 보게 된다면 긴장을 늦추지 말아야 할 일이다. 행여 그 깊은 속으로 떨어질지도 모를 일이니.

정호승 시인은 눈물이 나면 기차를 타고 선암사로 가 해우소에서 실컷 울라고 했는데, 시적 감성이 모자란 나는 해우소 앞에 쭈그리고 앉아서도 죽은 소나무 뿌리가 기어 다니고, 목어木魚가 푸른 하늘을 날아다니고, 풀잎들이 손수건을 꺼내 눈물을 닦아주고, 새들이 가슴 속으로 날아와 종소리를 울려주는 그 느낌을 오롯이 경험해 보지는 못했다.

선암사의 가장 깊은 곳에는 무려 6백 년이 넘은 고매화가 있다. 우리나라에서 가장 오래된 매화나무로 선암매仙巖梅라는 별칭을 가지고 있기도 하다. 봄이면 이 매화를 보러 많은 사람들이 선암사를 찾는다. 사람들은 꽃을 보고 싶은 마음에 쫓겨 아무 때나 떠나지만, 꽃은 아무 때나 제 모습을 보여주지 않는다. 시린 겨울을 이겨내고 고고하게 피어난 매화 향기가 선암사를 가득 채우는 날, 그날에는 봄비가 내려줬으면 좋겠다. 봄비에 옷이 젖어가듯 내 마음도 매화 향기에 촉촉이 젖어들었으면 좋겠다. ❀

선암사 해우소 정호승 시인은 눈물이 나면 기차를 타고 선암사 해우소에서 실컷 울라고 했다. 그의 시적 감성을 제대로 이해하긴 어렵겠지만 무려 300년이 넘은 선암사 해우소를 통해 우리의 전통적 가치인 생명의 환원과 비움의 미학을 느껴보는 것도 좋으리라.

내 인생에 힘이 되어준 한마디
정호승 지음 / 비채 / 2006년 3월

한참 전에 사 놓고도 이제서야 겨우 책을 다 읽고 손에서 놓게 된다. 사람들의 평이라는 게 참 무섭다. 무심코 인터넷에서 접한 부정적인 서평 탓에 책이 선뜻 손에 잡히지가 않았었다. 남을 탓할게 아니다. "좋은 책이긴 한데, 식상한 느낌이 난다."는 그런 뉘앙스를 풍기는 짤막한 글 하나에 마음이 흔들린 줏대 없음이 문제였던 것이다.

맞는 말이다. 좋은 책이긴 한데, 그 내용을 보면 조금 식상한 듯 느껴지기도 한다. 어찌 보면 당연하다. 삶에 힘이 되어주는 말들이란 것이 도덕 교과서에나 나올 법한 것들일 수도 있으니까. 그래서 드는 생각인데 이 책은 아직은 마음에 조금의 여유가 있다거나 깊은 수렁에서 한걸음 빠져나온 사람들이 읽는 게 좋을 것 같다.

풍 경 을
그 리 다

한마디 말이 내 인생을 바꾸어 놓을 수 있습니다. 한마디 말이 절망에 빠진 나를 구원해 줄 수 있습니다. 한마디 말로 빙벽처럼 굳었던 마음이 풀릴 수 있습니다. 한마디 말로 지옥과 천국을 경험할 수 있고, 절망과 희망 사이를 오갈 수 있습니다. 한마디 말이 비수가 되어 내 가슴을 찌를 수 있고, 한마디 말이 갓 퍼담은 한 그릇 쌀밥이 되어 감사의 눈물을 펑펑 쏟게할 수가 있습니다.

이 책에 있는 한마디 한마디가 바로 그러한 것들입니다. 저는 그 말들을 통해서 제 인생에 힘과 위안을 얻었습니다. 그리고 이 책을 쓰면서 다시 새로운 힘을 얻었습니다. 혹시 이 책 속에 있는 한마디 말이 이 책을 읽는 분들의 인생에 힘이 되고 위안이 된다면 저는더 이상 바랄 게 없습니다.

– 책 속에서

제목에서 짐작할 수 있듯 이 책은 힘든 삶을 터벅터벅 걸어가는 사람들에게 힘과 위안, 그리고 용기를 주는 따뜻한 한마디들을 소개하고 있다. 이책을 펴낸 정호승 시인이 그 말들에서 위안을 얻었고, 다시 용기를 내서지금껏 인생을 살아왔듯 지금 그런 상황에 처해 있는 많은 이들에게 이책 역시 그러하기를 바랄 것이다.

힘들지 않은 사람은 없다. 왜 유독 내게만 세상은 이토록 힘들기만 한 걸까. 누구나 그저 눈에 보여 지는 나와 남의 겉모습만을 비교하면서 절망하고, 한편 분노하기도 한다. 하지만 각자의 어깨 위에 얹어진 고통의 크기는 달라 보이더라도 그 무게는 실상 같은 것이다.

선암사 고매화 다시 계절이 흘러 이른 봄이면 선암사의 가장 깊은 자리, 600년 넘게 이 땅에 뿌리를 내린 고매화
에서 뿜어져 나오는 은은한 향기에 이끌린 탐매객들로 가득할 것이다. 어디 꽃향기 뿐일까. 정갈하게 우려낸 차향
에 취해 보는 것도 좋겠다.

또한 그러한 고통이 있어 그 사람의 인생이 더욱 아름다울 수 있다고 시인은 얘기한다. 그래서 신은 인간들에게 기쁨보다는 슬픔을, 즐거운 순간보다는 고통을 안겨준 것이라 한다. 그것은 어둠이 있어 별이 더욱 빛날 수 있는 것처럼, 겨울이 있어 봄이 더욱 기다려지는 것과 같은 이치일 테지.

참 좋은 말들이 많이 있지만 '사랑하다가 죽어버려라'는 말이 기억에 오래 남는다. 1997년에 정호승 시인이 펴낸 시집의 제목이기도 한데, 해인사에서 발간되는 월간 해인지에 실린 큰스님의 말씀 중 '사랑하다가 죽어버려라. 기다리다가 죽어버려라'는 말을 듣고서 큰 가르침을 얻었다 시인은 얘기하고 있다.

죽음에 이르도록 진정 사랑하라는 이 말씀은 내게도 큰 울림으로 다가온다. 가을이 너무 깊어 버려 어느새 겨울의 문턱에 서 있다. 여러 이유로 겨울은 참 싫지만 겨울이 있기에 봄이 기다려지는 것이요, 짧기만 한 가을의 끝을 좀 더 잡고 싶어지는 것이다. 아픔이 있고 힘들겠지만 잠시 동안의 겨울을 잘 견뎌 보려 한다. 곧 다가올 따뜻한 봄을 기다리면서.

송광사 松廣寺

깊은 산 속의 깊은 절, 선암사를 뒤로하고 승보사찰[僧寶寺刹] 송광사를 찾았다. 순천 사는 분들이 참 부럽다는 생각이 든다. 이렇게 멋진 두 개의 절을 지척에 두고 언제든 찾아갈 수 있으니까. 조계산이 명산은 명산인가 보다. 송광사는 진각국사부터 조선시대 초기에 이르기까지 수많은 국사를 배출하였을 뿐만 아니라 이름난 스님들이 이곳에서 수행한 것으로 유명하다.

송광사의 창건과 관련된 기록을 찾아보면 신라 말기에 혜린이란 스님이 마땅한 절을 찾던 중에 이곳에 이르러 산 이름을 송광이라 하고, 절 이름을 길상이라 하였다 한다. 처음에는 아주 작은 규모의 사찰이었으나 이후 보조국사 지눌이 정혜사를 이곳으로 옮겨 와 수선사라 부르고 대찰로 중건하였다. 송광산이라 부르던 산 이름도 조계종의 중흥도량이 되면서부터 조계산으로 고쳐 부르기 시작해 지금도 그 이름으로 불리고 있다.

송광사는 흔히 승보사찰이라고 부른다. 보조국사의 뒤를 이은 진각국사부터 조선 초기에 이르기까지 180년 동안 무려 16명의 국사[國師]를 배출하면서 승보사찰의 지위를 굳히게 됐다. 부처님의 진신사리를 모신 양산 통도사를 불보사찰[佛寶寺刹], 팔만대장경을 봉안하고 있는 가야산 해인사를 법보사찰[法寶寺刹], 그리고 이곳 송광사를 승보사찰이라 해 우리나라의 3보 사찰이라 일컫는다.

송광사 관음전 저마다의 간절한 소망을 담아 부처님께 절을 올리는 스님과 불자들의 뒷모습마저 경건하다. 저 멀리 희미하게 관음보살의 미소가 불빛처럼 새어나오는 듯 하다.

승보사찰이란 명성에 걸맞게 송광사는 큰 규모를 자랑하고 있지만 일반인들의 출입이 통제되는 곳이 많다. 스님의 수행이 우선인 것은 당연하지만, 왠지 '닫힌 사찰'이라는 느낌을 지울 수가 없다. 저 닫혀진 문을 열고 금단의 구역으로만 들어가면 저절로 모든 번뇌가 사라질 것 같은 어리석은 생각이 들기까지 한다.

비록 가고 싶은 곳을 들어가 볼 수 없는 답답함은 있지만 송광사는 삼청교三淸橋와 우화각羽化閣, 그리고 그 아래를 쉼 없이 흐르는 계곡의 물을 맘껏 즐길 수 있다는 것만으로도 충분하다. 송광사 경내에 이르는 시원스런 계곡과 아름다운 숲길도 더할 나위 없이 좋다. 물론 길은 좀 험하다고 하지만 송광사와 선암사를 잇는 등산로가 있다고 하니 여유가 있다면 천천히 걸어보며 두 고찰古刹을 맘껏 즐겨보는 것도 좋을 것 같다.

불佛, 법法, 승僧의 삼보三寶야 불교 신자들에게야 의미가 있는 것이겠지만 내가 송광사를 언제든 다시 찾고 싶은 사찰의 하나로 마음에 두는 이유는 따로 있다. 근처의 선암사가 승선교에서 바라보는 강선루의 풍경, 조계문에 이르는 푸른 숲길 등 멋진 풍광을 자랑하고 있다면 송광사도 이에 못지않은 아름다운 풍경을 보여준다.

바로 이곳, 삼청교와 우화각이 제일경이 아닐까 생각을 해 본다. 깊어가는 가을날의 송광사는 분명 한여름에 보여주었던 모습과는 또 다른 분위기를 품고 있다. 좀 더 깊어지고 한층 여유로워진 느낌이다. 삼청교에서 한가롭게 정담을 나누는 사람들의 모습에서, 송광사 경내를 느릿느릿한 걸음으로 걷는 사람들에게서도 가을을 느낄 수 있다.

삼청교 우화각에서 바라본 침계루 우화각의 열린 벽면이 하나의 캔버스처럼 침계루 앞 계곡을 그림처럼 담아내고 있다. 이곳에 서면 마치 시간이 멈춘 듯 그 풍경 속으로 빨려 들어가는 착각에 빠지곤 한다.

전국의 여러 사찰들을 돌아다녀 봤지만 송광사처럼 독특한 느낌을 주는 곳을 찾기도 쉽지 않다. 거의 모든 절들이 계곡을 끼고 있긴 하지만 마치 물로 둘러쌓인 중세 유럽 성곽의 축소판처럼 느껴진다고 할까. 송광사를 가게 되면 언제나 이 우화각 근처에서 한참을 머물게 된다.

가을이라 그런지 침계루枕溪樓 앞을 흐르는 계곡의 물이 많이 줄었다. 미처 보지 못했던 침계루 벽체의 꽃무늬도 무척 인상적이다. 또 하나 독특한 것이 있다면 송광사의 현판들이다. 일주문, 관음전도 그렇고 삼청교 천정에 붙어 있는 현판도 모두 파란색 바탕으로 되어 있어 시원스런 느낌을 준다.

매번 송광사를 찾을 때마다 시간에 쫓기게 되는 것 같다. 아무래도 오고 가는 데만 많은 시간이 소요되다 보니 좀 더 여유롭게 구석구석을 둘러보는 게 쉽지가 않다. 다음에 송광사를 찾을 때에는 조계산을 두발로 넘나들며 선암사와 송광사만을 고스란히 담고 돌아오고 싶다. 시간이 남는다면 불일암에도 잠깐 들러 법정 스님의 흔적을 살짝 느껴보고 와도 좋겠지. 🐾

| 풍경을
그 리 다

그대만의 꽃을 피워라
정찬주 지음 / 열림원 / 2011년 3월

두 번째 인연이다. 책을 통해서 법정 스님을 만나게 된 것도, 정찬주 작가의 글을 접하게 된 것도 모두 두 번째다. 처음이 류시화 시인의 잠언집을 통해 법정 스님의 맑고 향기로운 말씀을 접하게 된 행운이었다고 한다면, 이번은 정찬주 작가의 시선과 발걸음, 마음을 따라 스님의 일대기를 좇는 기행이라 할 수 있다.

"그대만의 꽃을 피워라."라는 향기로운 제목을 지닌 이 책은 법정 스님과 속세에서 깊은 인연을 맺은 정찬주 작가가 스님이 태어난 해남 우수영을 비롯하여 송광사 불일암, 진도 쌍계사, 미래사 눌암, 하동 쌍계사, 가야산 해인사, 봉은사 다래헌, 강원도 수류산방, 길상사 등 스님이 머물렀던 절과 암자를 다시 순례하면서 다시 되새겨보는 스님의 흔적과 그리움을 담담히 적어 내려가고 있다.

일반인들에게 스님은 '무소유'의 가르침을 주신 분으로 널리 알려져 있다. 무소유란 아무것도 가지지 않는 것이 아니요, 내게 필요 없는 것을 애써 가지려 하지 않는 것이라고도 하셨다. 그런데 어찌 보면 아주 단순하고, 쉬운 것 같은 이 가르침을 실천하는 것이 또 왜 이리 어려운 것일까.

竹影掃階塵不動
대나무 그림자 섬돌을 쓸어도 티끌 하나 움직이지 않고
月穿潭底水無痕
달빛이 연못을 뚫어도 물에는 흔적 하나 없네.

법정 스님이 즐겨 읊조리시던 남송시대의 선승 야보도천冶父道川의 시를 저도 따라 나즈막이 읊어본다. 대나무 그림자처럼 무엇에 집착하지 말고 달빛처럼 연연하지 말고 살라는 가르침이다. 섬돌을 가지려 하지 않는 대나무 그림자나 연못에 자신의 흔적을 새기려 하지 않는 달빛을 따르고 싶은 마음 간절해지지만, 생각만큼 쉽지가 않은 탓에 괴로움이 늘 뒤따른다.

법정 스님은 입적하시면서 절판유언을 남기셨다고 한다. 스님의 이름으로 펴낸 책들을 더 이상 출판하지 말라는 당부셨지만 어찌된 것인지 그 이후로 속세에서 스님의 이름을 더 자주 접하게 되는 것 같다. 물론 스님에 대한 당연한 추모의 마음일 수도 있겠지만, 스님의 일관된 '무소유' 삶 속에 담겨져 있던 고귀한 가르침이 오히려 훼손되는 것은 아닌지 걱정이 되기도 한다.

세속에 발붙이고 하루하루를 살아가는 범인凡人들이 오롯이 스님의 길을 따라갈 수는 없을 것이다. 그것은 가능하지도 않고, 또 모든 사람이 탈속의 삶을 살 필요도 없다. 하지만 버려야만 걸림 없는 자유를 얻을 수 있고, 베푼 것만이 진정 내 것이 된다는 말씀처럼 내게 필요하지 않은 것들을 나눔으로써 얻을 수 있는 더 큰 행복을 찾아보는 것은 분명 의미 있는 일일 것이다. 우리의 마음속에 그대만의 아름답고 맑은 향기를 가진 꽃을 한 송이씩 피워보는 것 말이다.

불영사 佛影寺

불영사는 이름 그대로 부처님의 그림자가 비치는 절이라는 뜻이다. 절 서쪽에 부처의 형상을 한 바위가 있어 그 그림자가 항상 연못에 비치므로 그렇게 불리었다 한다. 부처님의 형상이 비친다는 불영사에 아름다운 단풍이 내려앉았다. 이처럼 아름다운 불영계곡에 위치하고 있다는 것만으로도 큰 복이리라. 복잡다단複雜多端한 세상사를 잠시 잊고 나를 뒤돌아보게 해주는 곳. 나는 불영사에 올 때마다 매번 좋은 느낌을 받곤 한다.

맑은 물이 흐르는 계곡에 단풍도 곱게 물들어가고 있다. 졸졸졸 흐르는 물소리에 가끔 지저귀는 새소리까지……. 그저 이런 풍경들을 나 혼자만 누리고 있다는 것이 미안하다. 사랑하는 사람과 함께 다정한 얘기들을 나누며 함께 이 길을 걸어보는 건 어떨까. 불가에서는 모든 이에게 부처님의 모습이 있다 했다. 너무 멀리서 피안彼岸을 찾을 것이 아니라 바로 내가 지금 살고 있는 곳, 곁에 있는 사람에게서 부처의 모습을 찾아보는 것도 좋겠다.

불영사는 경북 울진군 서면 하원리에 있는데 신라 진흥왕 5년에 의상대사가 창건한 것으로 전해지고 있다. 주변의 산세가 인도 천축산과 비슷하다 하여 천축산天竺山이라 이름 짓고, 절 앞의 큰 못에 있던 아홉 마리 용을 주문으로 쫓아낸 후 그 자리에 절을 지었다는 전설이 있다.

천축산 불영사 불영사에서 아직 부처님의 그림자를 친견하진 못했지만 천축산 자락 아래 단아하게 자리잡고 있는 불영사를 만나는 순간은 언제나 행복하다. 바람이 먹구름을 걷어내듯 부처님의 마음으로 우리의 삿된 마음도 걷어낼 수 있으면 좋겠다.

불영사의 매력은 역시 일주문을 지나 절에 이르는 호젓한 산길이 아닐까 한다. 구불구불 끊어질 듯 시원스럽고 맑은 계곡을 따라 이어진 불영사 숲길은 어느 때 찾아도 늘 만족스러운 웃음을 절로 짓게 만들어 준다. 쉬엄쉬엄 느린 걸음으로 걸어도 10여 분 정도면 불영사 앞마당에 다다를 수 있다.

바로 옆을 흐르는 시원한 계곡물이 한여름의 무더운 공기를 식혀주기에 충분하다. 불영계곡을 따라 난 널직한 길을 따라 걸어가노라면 잡다한 마음속 번뇌를 모두 잊어버릴만 하다. 아름다운 풍광과 맑은 공기, 아래로 흐르는 맑고 깨끗한 계곡물. 이 모든 것이 자연과 불영사가 인간에게 선사하는 선물처럼 느껴진다.

매번 불영사를 찾아도 질리지 않는 것이 다 이것 때문인 것 같다. 늘 똑같은 모습인 듯하면서도 계절마다 조금씩 다른 모습을 보여준다. 늘 같은 자리에서 비슷한 구도로 사진을 찍으면서도 그 순간은 늘 처음 대하는 모습마냥 마음이 흐뭇하다. 물론 그 어느 때에도 결과물에 만족한 적은 단 한 번도 없었지만.

불영사에 오게 된다면 이곳에서 잠시 쉬어 가시길. 한참을 걸어오다 조금 지칠 때쯤 만나게 되는 이곳에 서서 굽이쳐 흐르는 계곡의 물소리를 들어보시라. 맑고도 힘찬 소리에 부질없는 욕심과 까닭 모를 미움들이 사그라들지 않을까.

그저 잠시라도 좋다. 이내 불영사를 떠나면 다시 복잡 미묘한 세상살이에 물들어 때가 끼고 마음의 빛이 바래도 상관없다. 그것이 인간의 모습이고, 속세를 살려면 그리할 수밖에 없는 것이니까. 어차피 삶의 본질은 달라지지 않는다 해도, 가끔씩은 이렇게나마 모든 걸 내려놓고 산이 되어,

바람이 되어, 물이 되어, 혹은 부처님의 마음이 되어 나를 바라보는 것도 좋을 것 같다. 아주 잠깐만이라도. 🌰

불영사의 제1경 일주문을 지나 불영사에 이르는 호젓한 산길은 언제 걸어도 좋다. 다정한 이와 두런두런 얘기 나누며 걷기에 더할나위 없겠다. 아름다운 풍경마저 지겨워질 때쯤 이 곳에서 늘 푸른 소나무 숲과 세차게 흐르는 물소리에 번다한 마음을 내려놓는 건 어떨까.

풍 경 을
그 리 다

산사의 숲을 거닐다
김재일 지음 / 지성사 / 2008년 12월

전국의 이름난 사찰들을 찾아다니는 걸 좋아한다. 절이 좋은 이유는 오래된 절집이 주는 안온함 때문이기도 하지만 절에 이르는 아름답고 풍성한 숲길이 주는 상쾌함 또한 빼놓을 수 없다. 유명한 절집을 소개하는 책들을 검색하다가 눈에 띈 것이 바로 '산사의 숲을 거닐다'라는 이름의 책이었다.

이 책은 사찰생태연구가라는 다소 생소한 활동을 하고 있는 김재일 사찰생태연구소 대표가 2002년부터 2008년까지 찾아다닌 수많은 산사의 숲 가운데 108군데를 고르고 골라 책으로 펴낸 것이다. 서문에도 나와 있듯 이 책은 단순히 절을 여행하는 사람들을 위해 쓴 글은 아니다. 우리의 자연을 사랑하고 산사의 숲을 사랑하는 사람들을 위해 썼다고 분명히 밝히고 있다.

가깝게는 경상도로부터 시작해 전라도, 충청도, 강원도까지 웬만한 사찰들은 가 보았다. 시내 한가운데 있는 사찰들이야 어쩔 수 없다고 치더라도 깊은 산중에 있는 절들에도 개발 바람이 불어 닥치고 있는 것 같아 아쉬운 마음이 많이 든다. 시주를 받아 새로 당우를 짓고, 길을 아스팔트나 시멘트로 포장하는 일련의 과정에서 절을 둘러싸고 있던 숲들도 파헤쳐지고 있다.

사실 이해 못 할 것은 아니다. 사찰의 본래 모습을 되찾기 위한 복원 공사를 하는 경우도 있고, 절을 찾아오는 사람들의 편의를 위한 시설들도 물론 필요하니까. 하지만 어떻게 하느냐 하는 것이 문제다. 가급적이면 자연과 조화를 이루고 본래의 모습을 훼손하지 않는 방법을 찾는 진지한 고민이 필요할 것이다.

김재일 대표에 대해서는 그전까지 전혀 알지 못 했지만, 이 책에 담겨있는 글에는 다양한 전문지식뿐만 아니라 산사의 숲을 지키려는 결연한 의지가 느껴졌고 손수 찍은 사진들은 정갈하고도 기품이 느껴졌다. 처음부터 이런 책을 펴낼 의도는 아니었겠지만 전국의 수많은 사찰들을 무수히 방문하며 관찰하고 기록했던 그의 노력은 실로 위대하다 할 수 있을 것이다.

차도 없고, 차를 갖게 될까 봐 운전도 배우지 않다보니 108개의 사찰 대부분을 대중교통을 이용해 찾아 다녔다고 한다. 차를 이용하면 좀 더 짧은 시간에 많은 곳을 다닐 수는 있겠지만 또 많은 것을 놓치기 십상이다. 두 발로 걸으며 천천히 구석구석을 살펴보며 자연과 대화를 할 수 있었다는 말에 공감이 가고도 남는다.

나의 사찰 여행 역시 앞으로도 계속될 것이다. 김재일 대표처럼 생태에 대해 전문적인 공부를 한 것은 아니라 전문적인 글과 사진을 남기기는 어럽겠지만 어떤 방식으로든 그간의, 그리고 앞으로의 행적들을 기록으로 남기고 싶은 욕심이 난다. 하지만 그마저도 헛된 욕심일 수도 있을 것 같다. 그저 고요한 아침에 고요한 산사의 숲을 거니는 것만으로도 충분히 행복한 일일 테니까.

오대산 옛길·월정사 전나무 숲길

산 높고 물 맑은 곳이 바로 평창이다. 평창을 오갈 때면 'Happy700'이라는 문구를 많이 보게 된다. Happy700이란 인간이 가장 활동하기에 좋고 쾌적한 기분을 느낄 수 있는 해발고도가 700m라는 뜻인데, 강원도 평창군 일대가 바로 그 높이에 해당된다는 얘기다.

'삼재三災 없는 명당'이라는 오대산의 가장 깊은 품속에 자리 잡고 있는 상원사로 가는 길에서는 오대천의 맑디맑은 계곡을 맘껏 즐길 수 있다. 월정사에서 상원시에 이르는 길이 약 7km라고 한다. 정갈하게 잘 정돈된 비포장도로가 두 절 사이를 이어준다. 월정사 전나무 숲길이 유명하다지만 내가 보기엔 월정사에서 상원사 가는 길이 그보다 몇 배는 더 아름다운 것 같다.

차량 두 대가 교행 할 수 있을 정도의 비포장도로를 따라 상원사 방향으로 가다 보면 그 옛날 오대천 계곡을 따라 월정사와 상원사를 오갔던 길을 복원한 오대산 옛길이 조성되어 있다. 이 길은 오대산국립공원관리사무소의 모든 직원이 동원돼 3개월에 걸쳐 복원했다고 한다. 우리나라 전나무 숲 가운데 가장 아름답다는 월정사 전나무숲길에서부터 시작해 상원사까지 총 8.5km 길이로 왕복하는데 2시간 30분 정도가 걸린다. 계곡을 따라 평탄한 오솔길이 이어져 남녀노소 누구나 걷기에 부담이 없다.

오대천 상류의 계곡 오대산의 여러 봉우리들에서 모여 든 계류가 상원사를 거쳐 월정사에 이르면 비로소 하천의 모습을 갖춘다. 오염되지 않은 자연 그대로의 모습을 유지하고 있는 이 계곡을 따라 걷다보면 멸종위기종 수달도 어렵지 않게 만날 수 있다.

풍 경 을
그 리 다

차량과 사람이 뒤엉켜 다니는 탐방로와 달리 이 오대산 옛길은 대부분이 푹신푹신한 흙길로 조성되어 있고, 군데군데 안내해설판과 수목 표찰이 설치되어 있어 탐방객이 오대산의 역사문화와 자연생태에 대해 공부할 수 있게 되어 있다. 또한 두 곳의 쉼터가 만들어져 있어 상쾌한 공기 속에서 산림욕을 즐길 수도 있다고 한다. 오대산 계곡을 건너는 섶다리와 돌다리도 이 옛길의 명물이다.

어디론가 떠나야 하는 계절, 가을 느낌을 제대로 맛보기 위해 떠난 곳이 오대산이었다. 가을이면 웬만한 산들은 단풍을 즐기려는 사람들로 인산인해를 이루기 마련이다. 단풍하면 딱 떠오르는 곳이 내장산이나 설악산, 주왕산 정도였는데 오대산 단풍이 이토록 아름다운 줄을 예전엔 미처 알지 못했다. 그중에서도 오대산 옛길의 아름다움은 단연 으뜸이라고 말하지 않을 수 없다.

한마디로 그림이다. 파란 하늘에 두둥실 뭉게구름은 떠가고, 맑디맑은 계곡물은 마음속까지 시원스레 자연의 소리를 들려준다. 점점 색을 더해가는 계곡 옆의 단풍 길은 보는 이의 마음에 큰 감동을 안겨 준다. 길을 걷는 이들의 입에서 저절로 탄성이 흘러나오게 만드는 묘한 매력을 지녔다.

오대산 옛길은 계곡을 따라 이어지는데 중간중간 다리를 건너게 된다. 큼지막한 돌을 물길 군데군데 놓아 만든 징검다리도 있고, 큰 나무둥치에 판자들을 이어 만든 나무다리, 그리고 이제는 쉽게 볼 수 없는 섶다리를 건너며 독특한 느낌들을 맛볼 수도 있다.

잠시 다리에 앉아 지친 몸을 쉬어가는 것도 좋다. 끝없이 이어지는 계곡의 물소리, 이름 모를 산새 소리를 들으며 무념무상無念無想으로 주변을 바라보고 있노라면 번잡한 세상의 걱정거리를 금세 잊어버릴 수 있을 것만

같다. 차를 타고 상원사까지 이동한다면 몸은 편할지 몰라도 이런 멋진
호사豪奢를 결코 누릴 수 없을 것이다.

오대산 옛길은 사시사철 그 나름의 빛깔로 찾는 이들을 반겨줄 것이다.
봄이면 파릇파릇 생명이 움트는 모습을 보여줄 것이고, 여름이면 온통 우
거진 녹음이 시원스러움을 전해주겠지. 흰 눈이 소복하게 쌓이는 겨울은
또 어떨까. 아무도 밟지 않은 눈길을 따라 걷는 느낌은 그 무엇과도 비교
하기 어려운 즐거움이 될 것 같다.

부안 내소사 전나무 숲, 남양주 국립(광릉)수목원 전나무 숲과 이곳 오대산 월정사 전나무 숲을 두고 한국의 3대 전나무 숲이라고 한다. 전나무는 주로 고산지대에 자라며 공해에 특히 약한 것으로 알려져 있다. 소나무과에 속하는 상록교목으로 나무에서 젖(우유)이 나온다고 해서 젓나무라는 이름으로도 불린다. 재미있는 얘기이긴 한데 실제로 나무에서 젖이 나오는지는 확인해 볼 길이 없었다. 울창한 숲길에서 뿜어져 나오는 피톤치드와 싱그러운 향기로 몸이 저절로 건강해질 것 같은 기분 좋은 느낌을 받게 된다.

월정사 전나무 숲은 일주문에서 금강교에 이르는 1km 길 양쪽에 걸쳐 조성이 되어 있는데, 높이가 수십m에 달하고 평균수령 80년 이상의 전나무 1,700여 그루가 장관을 이루고 있다. 한여름인데도 전나무 숲이 짙은 그늘을 만들어 주어 전혀 더위를 느낄 수 없었다. 전나무 숲길 바로 옆에 있는 오대천 상류 개울의 시원한 물소리도 한껏 정취를 더해 준다.

숲길 안쪽에는 지난 2006년 태풍 때 쓰러졌다는 전나무 한그루가 있는데 그 밑동은 어른 2명이 들어가고도 남을 만큼 거대한 면모를 자랑한다. 수령이 무려 500년이 넘는 나무였다고 하니 그때 모진 태풍을 견뎠다면 지금도 위풍당당한 모습을 사람들에게 보여줄 수 있었을 텐데 아쉬운 생각이 든다.

월정사 전나무 숲이 만들어진 연유에 대한 재미있는 얘기가 있다. 원래는 이곳도 소나무 숲이 울창했었다고 한다. 고려 말 무학대사의 스승인 나옹선사懶翁禪師가 부처에게 공양을 하고 있었는데 마침 소나무에 쌓여있던 눈이 그릇으로 떨어졌다고 한다. 그때 어디선가 산신령이 나타나 공양을 망친 소나무를 꾸짖고 대신 전나무 아홉 그루에게 절을 지키게 해 이후 천년이 넘는 세월 동안 전나무 숲이 월정사를 지키게 됐다는 것이다. 얘기를 들고 나니 월정사 전나무 숲이 더욱 신비스럽게 느껴진다.

금강교에서 일주문을 다시 돌아 나오는 길이 금방이다. 몇 번이고 걸어보
고 싶은 욕심이 났지만 더 늦기 전에 발걸음을 옮겨야 했다. 절 앞을 흐르
는 개울의 물살이 힘차다. 쉼 없이 흐르는 물소리가 속세의 어지러운 소
리들을 차단해 주는 듯하다. 마치 오대천을 경계로 속세와 피안이 나누
어진 듯하다. 자연은 스스로 오염을 일으키지 않는 법. 차고 맑은 물속에
만 산다는 열목어熱目魚가 이 속에서 유유히 헤엄치는 그림이 절로 그려진
다. 🪨

오대산 월정사 예로부터 오대산은 문수보살이 머무는 성스러운 땅이라 했다. 1km 남짓한 전나무 숲을 지나면 월정사가 부처님 품처럼 넉넉하게 중생들을 안아 준다. 계유정난을 일으켜 왕위를 찬탈한 세조가 현생의 업보를 씻기 위해 오대산을 자주 찾았다고 하는데 부처님은 조카를 죽였던 그마저 용서했을지 궁금해진다.

풍 경 을
그 리 다

비우고 채우는 즐거움, 절집 숲
전영우 지음 / 운주사 / 2011년 4월

숲을 즐기는 가장 쉬우면서도 좋은 방법은 우리 주변의 어떤 숲에서나 자기 스스로 풍경 속의 한 점경點景이 되어 보는 것이다. 그냥 숲 바닥에 널려 있는 바위에 걸터앉거나 또는 숲 바닥에 그대로 퍼질러 앉아 몸과 마음을 고요하게 만드는 것이다. 그러나 이런 고요한 상태에 이르는 것은 쉽지 않다.

우리들 대부분은 몸과 마음이 모두 번다煩多하거나, 혹은 하나가 고요하더라도 다른 하나는 번다하기 십상이기 때문이다. 욕심과 기대와 집착이 파도처럼 끊임없이 몰려오는데, 어떻게 하면 한 순간이라도 몸과 마음을 고요한 상태로 유지할 수 있을까.

나는 절집 숲은 물론이고, 어떤 숲이든 찾을 때마다 '지금 이 순간, 이 공간'에 온전히 머무는 일에 집중한다. 시간과 공간의 합일에 의해 만들어진 풍광 속에 놓인 나 자신에 집중함으로써, 일어날 수 있는 잡념을 떨쳐버리고, 다른 일을 벌이고 싶은 욕심을 내려놓는다. 이런 마음으로 숲에 몰입하면 '욕심과 기대와 집착'이 잦아들기 시작하며, 작은 것에도 마음의 풍요를 느낄 수 있다.

산림생물학 박사인 국민대학교 전영우 교수가 펴낸 '비우고 채우는 즐거움, 절집 숲'이라는 책을 읽었다. 이 책은 오래전부터 읽어보고 싶은 마음이 들었었는데 조금 비싼 책값 때문에 한참을 망설였던 기억이 있다. 술 한잔 마시는 돈에 비하면 아무 것도 아닌데 책을 고를 때면 또 그게 맘처럼 쉽지 않다.

이 책의 지은이는 절집 숲의 가치를 다음과 같이 설명하고 있다. 일상의 번잡함을 내려놓고 '참 나'를 만나는 곳, 느림과 비움의 공간, 1,700년 역사가 살아 숨 쉬고 있는 곳이라고 말이다. 그 어떤 표현도 지나침이 없는 말들이다. 이 책에 소개되어 있는 스물네 곳 절집의 숲들은 한결같이 깊고 풍요로운 공간이다.

그래서 그곳에 들어서면 나는 번잡한 속세의 일상을 금세 잊어버릴 수 있고, 수많은 욕심과 집착에 사로잡혀 있던 나를 버리고 참다운 나를 만날 수가 있다. 그 숲을 느린 걸음으로 걷다 보면 부질없는 마음의 먼지들이 다 씻겨져 나가 내 마음이 어느새 텅텅 비어있는 듯한 청량감淸凉感을 맛볼 수가 있는 것이다.

스물 네 곳 절집 숲들의 아름다운 풍광이 사진 속에 오롯이 담겨져 있다. 숲에 대한 전문적인 지식뿐만 아니라 지은이의 사진 실력까지도 무척 부럽다. 이른 봄에서 매서운 북풍한설이 몰아치는 한겨울까지 그는 방방곡곡에 흩어져 있는 절집들을 찾아 그만의 아름다움을 사진에 담아 놓았다. 그 사진들을 보는 것만으로도 책값은 이미 충분히 뽑은 셈이다.

읽어가다 보니 그동안 나도 꽤 열심히 다녔구나 하는 생각이 들었다. 책에 소개된 전등사, 용주사, 신계사, 수타사, 봉선사 등 다섯 곳을 제외한 열아홉 곳의 절집 숲을 이미 다녀왔다. 그중에 어느 절이 최고라고 섣불리 얘기할 순 없지만 개울과 숲의 시원함으로 가득 찼던 월정사의 기억이 문득 떠올라 책을 읽는 내내 기분이 좋았다.

마치 사진 속으로 내가 걸어 들어가 풍경의 일부가 된 듯한 느낌이 들었다. 그때 그날의 시간으로 돌아간 나는 그저 고요하고 평온했다. 그럴 수만 있다면 내 마음에도 절집 숲처럼 푸르고 풍성한 숲이 생겼으면 좋겠다. 그래서 그 숲 속에서 마음을 씻고, 마음을 열어 '나'를 내려놓을 수 있기를 간절히 소망해 본다.

월정사 8각9층석탑 대적광전 앞에 우뚝 세워져 있는 월정사를 대표하는 상징의 하나다. 신라시대가 주로 삼층석탑의 시대였다면 고려시대에 들어서면서 다양한 형태의 탑이 만들어졌는데 이 탑은 다각다층석탑의 전형적인 모습을 보여주고 있다.

경주의 봄

우리나라에 경주라는 도시가 있다는 것은 축복이라는 생각이 든다. 경주에 들어서는 순간 뭔가 느낌부터가 다르다. 불어오는 바람 내음이 다르고 공기에서도 오랜 세월이 느껴지는 것 같다. 익숙한 누군가가 따뜻한 시선으로 지켜봐 주는 듯한 편안한 느낌이 있어서 언제나 경주를 생각하면 노곤한 졸음이 오는지도 모르겠다.

이 좋은 도시에 이십여 년 이상을 살았으면서도 정작 이 땅에 발붙이고 살 때는 그걸 몰랐다. 늘 마주치는 문화재들은 지루한 존재들이었고, '전통傳統'과 '보전保全'이라는 키워드로 변화의 기운을 억압하고 있는, 박제剝製된 도시에서의 삶은 답답함이었다. 답답함을 견디지 못해 당장이라도 떠나고 싶었던 이 도시가 이제는 그리움의 대상이 된 것은 그저 무심히 흐르는 세월 탓만은 아닐 것이다.

경주는 언제 찾아도 좋은 곳이다. 계절에 걸맞는 볼거리가 있고 나름의 분위기가 있지만 계절의 여왕인 봄을 맞이한 경주는 황홀할 정도로 아름답다. 봄날의 경주를 떠올리면 흰 벚꽃과 노란 유채꽃이 환상적인 조합을 이루는 풍경이 머리에 그려진다.

첨성대앞 유채꽃밭 노천박물관 경주에서는 해마다 봄이 오면 화려한 꽃의 향연이 펼쳐진다. 반월성을 풍성하게
채워주던 흰 벚꽃이 지고나면 첨성대앞 너른 들판에는 샛노란 유채꽃이 춘심春心을 일깨운다.

물론 벚꽃은 어디서 피어도 아름답고 화려하다. 군항제가 열리는 진해의 벚꽃은 더 말할 나위가 없고, 어느 시골 이름 없는 길가에서 홀로 화려한 자태를 드러내는 그것 또한 아름답다. 하지만 경주 반월성 앞 너른 꽃밭에서처럼 샛노란 유채꽃 물결이 넘실대는 가운데 흰 벚꽃이 눈처럼 날리는 환상적인 아름다움을 눈앞에서 감상할 수 있는 곳은 그리 많지 않을 것이다.

아쉽게도 시간은 사람을 기다려 주지 않는다. 해마다 이곳의 꽃들은 때가 되면 피어나겠지만 '제때'를 찾아가기가 그리 쉽지는 않다. 게다가 벚꽃은 화려하되 오래가지 않는다. 피었나 싶으면 때맞춰 찾아오는 봄비에 제 잎을 모두 날려버리고 만다. 아쉬울 것 없다는 듯 바람에 날리고 비에 젖어 떨어진 꽃잎들은 마치 이제는 돌이킬 수 없는 청춘의 화려한 사체死體인 듯싶다.

좀 호젓한 분위기를 즐기고 싶다거나 유채꽃의 샛노란 투박함이 좋다면 분황사 앞 황룡사지에 조성되어 있는 유채꽃밭을 찾아보는 것도 괜찮을 것 같다. 이곳 넓은 터에도 몇 해 전부터 꽃밭이 조성되었는데 봄에는 유채꽃을, 한여름이 지나면 금계국과 코스모스를 심는다.

벚꽃과 어우러지는 화려함에는 미치지 못할지라도 좀 더 광활하게 펼쳐져 있는 유채꽃의 찬란한 향연이 펼쳐지는 봄날 풍경 역시 색다른 볼거리를 선사한다. 장엄하고 웅장한 동양 최고最高의 9층 목탑을 너른 품으로 안았던 황룡사의 영화는 이제 폐사지廢寺址의 땅속에 묻혔지만 천년의 세월이 흐른 뒤 후손들은 봄꽃 향기에 취해 그 위를 거닌다.

벚꽃과 유채꽃의 환상적인 조합 만개한 벚꽃을 배경삼아 반월성 앞 너른 들판에 샛노란 유채꽃이 피어나 황홀할 정도로 아름다운 풍경을 보여준다. 봄날의 경주를 생각하면 가장 먼저 떠오르는 이미지가 아닐까 싶다. 하지만 '제 때'를 맞춰 경주를 찾는다는 것이 생각처럼 쉽지 않은 일이기도 하다.

이곳에 서서 유채꽃밭의 장관을 지켜보고 있노라면 늦가을의 누런 들판이 생각난다. 옛날 어른들은 가을날 누렇게 익은 벼만 봐도 배가 부르다고들 하셨는데 어느덧 나이를 먹다보니 나도 유채꽃의 샛노란 빛에서 풍성한 가을의 풍요를 떠올리고 있다.

온 듯싶더니 하룻밤 꿈처럼 가버리기에 봄이 더욱 애달픈가 보다. 그래도 봄은 봄이라서 아름답다. 계절은 매번 이렇게 순환하지만 한번 가버린 우리 인생은 되돌릴 수 없다. 인생을 계절에 비유한다면 나는 어디쯤 온 것일까? 아마도 봄은 훌쩍 지나쳤겠지.

바람 한 점 없는 고요한 봄날 저녁. 이런 때를 기다려 꼭 가봐야 할 곳이 있다. 경주 안압지가 바로 그곳이다. 삼각대에 카메라를 고정시키고, 해가 뉘엿뉘엿 넘어가는 모습들을 한 컷 한 컷 카메라에 담는 매 순간이 무념무상의 시간이다. 땅거미가 지고 일상의 풍경이 어둠의 고요 속으로 사라져갈 때 안압지^{雁鴨池, 최근에는 월지로 공식명칭이 바뀌었다}는 비로소 숨겨두었던 비경을 시나브로 드러낸다.

봄날의 경주는 바람이 거세기로 유명해 거울처럼 깨끗한 반영을 담기가 쉽지만은 않다. 모처럼 큰마음 먹고 장비를 챙겨 안압지에 당도했건만 무심한 춘풍이 한바탕 불어온다면……. 그래도 실망할 필요는 없다. 바람 부는 날은 바람 부는 대로 나름의 정취^{情趣}를 맘껏 즐기면 그 뿐이다.

경주에서 이십여 년 이상을 살면서도 정작 안압지의 야경을 접하게 된 건 경주를 떠나고도 한참이 지난 어느 봄날이었다. 이렇게 좋은 곳을 가까이 두고서도 한 번도 와보지 못했었나 하는 아쉬움은 그저 만시지탄^{晩時之歎}이다. 봄날 저녁의 안압지에서 맛보았던 작은 행복을 그대도 함께 느낄 수 있다면 참 좋겠다. ✿

보통의 존재
이석원 지음 / 달 / 2009년 11월

책에 끌렸던 건 아마도 제목 때문이었을 것이다. 보통의 존재. 듣다 보면 하찮고 별것 아닌 사람이라는 것 같아 왠지 탐탁치 않지만, 특별하기는 커녕 보통보다도 못한 나 자신이 떠오르는 것을 애써 외면하고 싶은 그런 기분이지 않았을까. 샛노란 표지에 그려진 세 개의 의자와 세로로 씌어진 제목. 표지만은 내게 보통이 아닌 아주 특별한 존재였던 책이다.

이 책을 쓴 이석원이란 사람에 대해선 전혀 무지했다. 인디밴드 '언니네 이발관'의 보컬이라는 사실을 얼마 전에 주워들었지만 책을 읽고 난 지금도 그의 생김새나 경력에 대해선 별로 궁금하지 않다. 나 역시 그와 같이 '보통의 존재'임을 자각하고 살아가고 있을 테니 각자의 여행이 길어진다면 세상 끝 어디쯤에서 스쳐

지나칠 수도 있지 않을까.

그가 살아온 인생은 평범하지 않지만 그렇게 특별해 보이지도 않는다. 어려서 뭔가 간절히 해 보고 싶거나 이루고 싶었던 꿈이 없었던 그는 서른여덟 나이가 되어서도 여전히 생의 의미를 명확하게 발견하지 못했다고 고백한다. 무엇을 하며 살 것인지, 어떻게 살아가야 하는가를 고민하는 그이지만 누구나 배우가 되고 감독이 될 필요는 없다고 결론지었다.

그의 생각은 이러하다. 누구나 배우나 감독이 되고 싶어 하는 것은 아니며, 또한 그러한 자질을 갖고 태어나지도 않았으니 안온한 관객의 자리에 만족하며 사는 것도 삶의 한 방편일 수 있음을 얘기한다. 꿈이 없다고 고민하는 청소년들을 향해 "관객이 되면 그뿐"이라며 고민하지 말라는 충고를 아끼지 않는 그. 이런 면에서 그는 분명 특별한 사람임이 틀림없다.

보통의 존재들이 그러하듯 이석원 역시 친구에 대해 깊이 생각해 본 듯하다. 그래서 그는 친구에 관한 나름의 정의를 남겼다. 내가 듣기 좋은 말만 하거나 나에 대해 어떤 반대도 하지 않는다면 나를 정말로 좋아하지 않는 것이다. 누구를 만나러 갈 때 신이 나지? 그 사람이 바로 친구다. 친구의 슬픔을 위로하는 것보다 기쁨을 나누는 것이 훨씬 더 어려운 일이다. 친구를 만드는 최고의 방법이란, 다가오길 기다리는 것보단 내가 먼저 다가서는 것. 여러분은 어떠할지 궁금하다. 충분히 공감이 되는가.

> 사람은 혼자 있을 때
> 이루 말할 수 없이 더럽고
> 이루 말할 수 없이 한가롭다.
>
> − 사생활

> 진정으로 굳은 결속은

대화가 끊기지 않는 사이가 아니라
침묵이 불편하지 않은 사이를 말한다.

- 결속

활짝 핀 꽃 앞에 놓인
남은 운명이
시드는 것밖엔 없다 한들
그렇다고
피어나길 주저하겠는가.

- 그대

책을 덮고서도 한참이나 가슴 속에 남는 글귀다. 아름다운 꽃처럼 활짝
피어났다가 순식간에 시들 인생이지만 희끗희끗하게 머리엔 서리가 내리
고, 주름 질 황혼이 두려워 젊음을 마다할 수야 없지 않은가. 꽃은 피면
시들게 마련이다. 어찌할 수 없는 자연의 법칙에 맞서기보다는 시들어가
는 삶 속에서도 존귀함을 잃지 않는 방법을 터득하는 것, 이것이 남은 여
로의 관건이겠다.

운문사 雲門寺

특별히 새로울 것이 없는 곳일지라도 마음이 끌리는 곳이 있다. 운문사 역시 내게는 그런 좋은 기억으로 남아 있는 곳 중의 하나다. 청도 호거산에 있는 운문사는 비구니比丘尼 스님들의 수행 도량으로 유명하다. 1997년에 우리나라에선 최초로 조계종 운문승가대학이 설립되어 교육과 연구 기관의 역할을 수행하고 있는데 현재 260여 명의 비구니 스님들이 수학 중이다.

산지에 이렇게 넓은 평지가 있다는 것도 신기한 일인데 이 넓은 운문사 경내가 항상 깨끗한 데에는 다 이유가 있는 것 같다. '하루 일하지 않으면 하루 먹지 않는다'는 불가의 백장청규百丈淸規를 철저히 지키고 있다. 경내에 들어서면 남쪽 편에 승가대학이 자리 잡고 있는데 스님들의 수행을 위해 일반인의 출입은 엄격히 통제되고 있다.

운문사 경내에는 우리나라 사찰 가운데 가장 큰 규모를 자랑하는 만세루와 대웅보전, 미륵전, 작압전, 관음전, 명부전, 금당 등 많은 전각들이 남아 있는데 대부분은 조선시대에 중창된 것들이다. 기록에 따르면 운문사는 신라 진흥왕 21년인 560년에 세워졌지만 임진왜란 때 절이 불타 없어졌던 것들 조선 숙종 때 중건한 것으로 전해지고 있다.

호거산 운문사 범종루 2층 누각에는 불교의식에 쓰이는 4물四物인 법고法鼓, 범종梵鐘, 목어木魚, 운판雲版이 놓여 있다. 법고는 축생과 땅위의 모든 중생, 목어는 수중 중생물고기, 운판은 날짐승을 구제하고, 범종은 종소리를 듣는 순간만이라도 번뇌에서 벗어나라는 뜻이 있다.

앞서 얘기했듯 운문사는 비구니 사찰이다. 모든 절들이 단아하고 잘 정돈되어 있는 것은 마찬가지겠지만 그래도 비구니 스님들의 도량에 가면 뭔가 아기자기한 맛이 있다. 여느 사찰보다 닫혀진 곳이 많은 탓에 신비스러운 느낌도 더해진다. 적당히 감추고 가릴 줄 아는 것, 이것은 세상을 사는 우리들에게 던져진 하나의 가르침일 지도 모르겠다.

운문사 뒤편의 호거산에는 운문사의 말사인 사리암이 위치해 있다. 운문사 경내에서 북쪽 산을 바라다보면 산 중턱에 암자가 하나 보이는데 이곳이 바로 사리암이다. 사리암으로 가려면 산길을 한참은 걸어가야 한다. 사리암에 올라 산 아래의 풍광을 바라보는 느낌도 꽤나 좋다. 일반인들은 사리암의 존재를 모르거나, 혹은 잠깐의 수고가 귀찮아 운문사에서 발길을 돌리는 경우도 많다.

보물 제835호로 지정되어 있는 대웅보전을 비롯하여 금당 앞 석등, 동호, 원응국사비, 석조여래좌상, 사천왕석주, 3층석탑 등의 많은 보물이 경내에 산재해 있다. 말 그대로 절 자체가 보물이라고 봐도 무방할 듯싶다. 또 하나 운문사에서 빼놓을 수 없는 보물이 하나 있는데 그것이 바로 처진 소나무다.

운문사 처진 소나무는 천연기념물 제180호로 지정되어 보호되고 있다. 범종각을 지나 운문사 경내에 들어서면 이 처진 소나무가 가장 먼저 눈에 들어온다. 높이가 9.4m이고 둘레는 3.37m로 한때는 반송盤松이라는 이름으로 불리기도 했지만 높이 3m 정도에서 가지가 사방으로 퍼지면서 밑으로 처지기 때문에 처진 소나무로 부른다고 한다.

운문사 처진 소나무 막걸리 열두 말을 마신다는 운문사의 처진 소나무. 수령이 500년을 훨씬 넘었다고 하는데 임진왜란과 한국전쟁 등 수많은 전란 속에서도 그 생명을 이어가고 있는 귀한 존재다. 매년 봄마다 막걸리를 물에 타서 뿌려주는 등 비구니 스님들이 정성을 다해 소나무를 지켜나가고 있다.

이 소나무의 수령은 약 400년 정도로 추정되고 있는데 옛날에 고승 한 분이 시들어진 나뭇가지를 꺾어 심었다는 전설이 있다. 지금도 해마다 봄이면 소나무가 잘 자라라는 마음으로 뿌리 둘레에 막걸리를 물에 타서 뿌려주고 있다. 이런 연유로 '막걸리 열두 말을 마시는 소나무'로 이름이 난 것이다. 이런 내용들을 미리 알고 가면 더욱 재미있는 산사 여행이 될 것이다.

여러 차례 운문사를 찾지만 매번 같은 코스로 절을 둘러보게 되는 것 같다. 막걸리 열두 말을 먹는다는, 그 유명한 운문사 처진 소나무를 지나 새로 지어진 대웅보전을 한 바퀴 휘돌아 만세루와 옛 대웅보전 앞을 서성이게 된다. 여러 채의 당우 가운데 유일하게 마음에 들지 않는 것이 웅장한 모습의 새 대웅보전이다. 십여 년 전이나 지금이나 그 마땅찮음은 여전하다.

돌로 자연스럽게, 너무 위압적이지 않은 높이로 석축을 쌓아 올려놓은 오래된 사찰들의 전각에서 느껴지는 자비로움이 느껴지지 않아서이다. 사찰 지붕에서 흔히 볼 수 없는 독특한 형태의 기와 또한 이채로운데 아마도 월출산 도갑사에 있는 2층짜리 대웅보전의 모습도 그러했던 것으로 기억된다.

예전에는 절에 가도 법당에 들어가 절하는 법이 없었다. 무언가 좀 어색한 느낌이 들었던 것 같다. 아니면 뭔가 부처님에게 빌고 싶은 간절함이 없었던 탓일까. 그러던 것이 어느 순간부터 찾아오는 발길이 드문 외떨어진 전각에 모셔진 부처님 앞에 무릎을 꿇고 잠시 마음을 내려놓는 시간을 갖는다. 마음에 평안한 고요가 물결치는 순간이다.

얼마나 오래되고 큰 절인가, 유명하고 많은 신도들이 찾는 절인가는 중요하지 않다. 오히려 그런 절은 가급적 피하게 된다. 그저 절을 관광 목적으로 찾는 게 아니라면 그런 절들은 오히려 사람들의 마음으로부터 절을 멀어지게 한다. 어느 책의 제목처럼 절은 절하는 곳이요, 마음에 고인 시詩를 홀로 읊어보는 곳이면 좋을 것 같다. 운문사는 딱 그런 절이라서 좋다.

여행을 다닌다거나 사진을 찍는 사람들은 날씨에 민감한 편이다. 물론 흐린 날은 흐린 대로, 비가 오는 날은 또 그런대로 맛과 정취가 있는 법이긴 하지만 아무래도 파란 하늘이 여백을 채워주는 것과는 차이가 있으니까. 기왕의 여행길이 화창하기를 기대하는 것도 당연한 욕심이다.

그래도 그런 날이 있다. 아무리 날씨가 좋지 않고, 맘에 드는 사진 한장 건질 것 같은 기대조차 들지 않은 그런 날이라도 어디든 떠나고 싶은, 떠나야만 하는 그런 날도 있는 법이다. 무작정 일을 접고 운문사로 떠났던 어느 여름날도 그러했다. 한두 번 가는 것도 아니요, 운문사에 푹 빠져 있는 것도 아닌데 정처없는 떠남의 행선지가 운문사였던 것도 묘한 일이다.

인연因緣이라 부른다. 뭐라 규정지을 수 없는 무수한 일들은 그저 인연이었다 그렇게 생각하는 편이 수월하다. 다 그렇게 될 인연이었고, 그곳으로 발걸음을 뗄 수밖에 없었던 인연이었다고 말이다. 무신경하게 다녔던 운문사가 좀 다른 의미로 다가온 것은 아마도 나의 문화유산답사기에 나오는 운문사 이야기를 접하고 나서의 일이다.

풍 경 을
그 리 다

비구니 스님들의 수행도량으로, 매년 막걸리 열두 말을 마신다는 처진 소나무 얘기로, 가을날 단풍잎이 노랗게 물들면 더할 나위 없이 아름다운 절 정도로 각인되어 있었던 운문사였지만, 이제는 운문댐 아래 잠들어 있는 그 오래전 사람들의 삶의 터전과 세월을 함께 느껴보려 노력한다.

이날의 운문사는 쉼 없이 떨어지던 빗소리로 기억된다. 금세 그칠 줄 알았던 비는 아무런 준비도 없이 산사를 찾았던 무방비 상태의 나그네를 운문사에 고립시켜 버렸다. 간혹 우연처럼 만나게 되는 이런 고립의 시간이 오히려 고맙다. 잠깐 동안의 조바심은 이내 사라지고 이루 표현할 수 없는 편안함이 나를 감싸준다.

시간에 구애됨이 없이, 사람에 구애됨이 없이 그저 나 혼자만의 오롯이 누릴 수 있는 풍경이요, 자연의 소리요, 절대 고독의 시간이다. 마치 모든 것이 이 순간 멈춰져 버린 듯하다. 그 속에서 내가 모든 것의 주인이 되는 만족감을 느낀다. 오래된 절집 운문사의 주인도 나요, 비와 바람과 구름의 주인도 나요, 그 속을 또 쉼 없이 흐르는 시간의 주인도 나인 듯하다.

만세루에서 비를 피하고 있는 젊은 남녀가 눈에 들어온다. 함께 하는 이 순간의 한 부분도 놓치기 싫은 듯 연신 시간 속 풍경과 그네들의 모습을 카메라에 담고 있다. 사랑하는 사람들의 모습은 언제 봐도 참 아름답다. 사랑하는 사람을 바라보는 그 따뜻한 눈빛, 서로를 생각하는 애틋한 마음들이 바로 이 세상을 지탱해 주는 3%의 소금물인지도 모르겠다.

잦아드는 비를 맞으며 운문사 경내를 한 바퀴 돌아본다. 운문사 구석구석에 자신의 피와 땀이 배어있다는 누군가의 말이 떠올라 빙긋이 미소를 짓게 된다. 잠시 발걸음을 멈추고 바람 속에 담겨있을 그 사람의 향기를 헤아려 본다. 발자국을 따라 걸어보고, 시선을 좇아 흔적을 담아본다. ❁

풍 경 을
그 리 다

나의 문화유산답사기 2 – 산은 강을 넘지 못하고
유홍준 지음 / 창비 / 2011년 5월

야⋯, 저 소리를 어떻게 사진으로 담아가는
방법은 없나.

이 짧은 한마디가 책을 덮고 나서도 한참이 지난 지금 이 순간까
지도 마음을 울린다. 나의 문화유산답사기 2편 '산은 강을 넘지
못하고' 속 운문사 편에 나오는 대목이다. 운문댐 건설로 인해 수
몰지역 철거가 한창 진행 중이던 1992년에 운문사 인근의 한 중
학교 교정에서 울려 퍼지던 브라스밴드가 텅 빈 대천리 마을 하
늘에 장송곡葬送曲 가락처럼 길게 퍼지던 그 장면이 그려진다.

내가 운문사 가는 길에 운문댐을 가 봤던 것이 불과 십여 년 전
의 일이었으니 미처 그보다 몇 해 전에 벌어졌던 가슴 아픈 역사

를 알지는 못했던 것이다. 그저 원래부터 이 자리에 댐이 있었던 것이려니 무심코 보아 넘겼고, 푸른 호수의 장관에 그저 시선을 빼앗겼던 그때의 무심함이 많이도 미안해졌다.

유홍준 교수가 좋아하는 절이 있다. 영풍 부석사, 서산 개심사, 강진 무위사, 부안 내소사, 그리고 이곳 청도 운문사가 그곳이라 한다. 좋은 것은 누구나에게 똑같은 느낌으로 다가오는 것인가 보다. 나 역시도 앞서 얘기했던 다섯 곳의 절을 모두 가 보았고, 그 절들이 제각기 갖고 있는 독특한 느낌과 아름다움에 매료[7]되어 늘 마음에 두고 그리워하고 있기 때문이다.

그중에서도 운문사는 좀 특별하다. 호거산에 자리 잡은 운문사는 절에 들어서는 입구의 울창한 소나무 숲이 아주 인상적인 곳이다. 물론 비구니 스님들의 수행도량으로 정갈하면서도 단아한 멋을 빼놓을 수 없기도 하다. 산사라고는 하지만 넓은 평지에 자리를 잡고 있어 절을 한 바퀴 여유롭게 둘러보는 데에도 호흡이 가빠지지 않고 일정한 호흡을 유지할 수 있다는 것도 좋다.

1994년 5월에 세상에 나온 이 책에는 유홍준 교수가 감히 남도답사 일번지로 내세우는데 주저하지 않았던 강진과 해남에 못지않은, 우리 땅 '국토박물관'에 대한 사랑이 구석구석에 배어 있다. 종소리가 때리는 자의 힘에 응분하여 울려지는 것처럼 그 가치를 제대로 인정받지 못하고 있는 이 땅의 문화재와 우리 역사에 대한 안타까움이 그대로 전해지는 느낌이다.

제2편의 제목은 '산은 강을 넘지 못하고'이다. 어찌 보면 이것은 우리의 일반 상식에 근거한다면 잘못된 말이다. 산이 강을 넘지 못하는 것이 아

니라 강이 산을 넘지 못하는 것이 맞다. 유홍준 교수 역시 아우라지강의 회상 - 평창, 정선 편에서 이것에 대해 명확히 밝히고 있다. 산자분수령山分水嶺이라는 말은 산은 물을 가르고, 물은 산을 넘지 못한다는 뜻이다.

> "그러나 비록 산이 있어 물이 흐르고 물이 모여 강을 이루었지만 산은 절대로 강을 넘지 못함을 생각하지 않는다. 오직 강이 있기에 그 산은 여기서 저기로 떨어져 있을 뿐이다. 강이 아니라면 산은 여지없이 연이어 달렸으리라.
>
> 나는 여랑땅 아우라지강가에서 낙엽송 군락들이 줄지어 정상을 향해 달리는 저마다 다른 표정의 높고 낮은 산봉우리들이 수수만년을 저렇게 마주보면서 단 한번도 만날 수 없음은 바로 그 자신들로 인하여 이루어진 강을 넘지 못함 때문이라는 무서운 역설逆說의 논리를 배우게 되었다.
>
> 한 시대를 이끌어가는 각 분야의 어떠한 거봉巨峰들도 결국은 역사라는 흐름, 민의民意라는 대세를 넘지 못하고 어느 자리엔가 멈출 수밖에 없는 지식인의 한계, 인간의 숙명 같은 것을 보았다."
>
> – 나의 문화유산답사기 중에서

조금은 늦었지만 아름다운 우리 땅에 대한 관심으로 시간 날 때마다 이곳저곳을 돌아다닌 덕분에 책에 소개되어 있는 곳들의 느낌을 공유할 수 있음이 다행스럽다. 물론 이 책이 쓰여지고 사진이 찍혀진 당시의 모습과 지금의 풍광은 또 달라져 있을 것이다. 좁은 숲길이 사람과 차의 이동 편의를 위해 넓은 아스팔트 길로 포장이 되기도 하고, 나무와 숲이 파헤쳐지기도 했을 것이다.

이 또한 안타까운 일이 아닐 수 없다. 그 오랜 세월 그 자체로 자연然이
었던 것들이 인간의 욕심 때문에 사라져 버렸다. 사람이 편해지면 편해질
수록 자연은 상처받기 마련이다. 그리고 자연이 상처받으면 결국은 사람
도 영향을 받을 수밖에 없다. 어차피 사람도 자연의 일부분, 그것도 아주
작은 일부분일 수밖에 없기 때문이다.

비오는 날의 운문사 풍경 아무런 준비도 없이 운문사를 찾았던 날 갑작스런 비에 갇혀 버렸다. 처음의 조바심은 이내 사라지고 우연처럼 만나게 된 고립의 시간을 한가로이 즐겼다. 그 무엇에도 구애됨이 없이 풍경과 시간을 잡아두었던, 오래된 절집 운문사의 주인이었던 시간이었다.

개심사 開心寺

개심사開心寺. 마음을 여는 절이라고 하면 될까. 참 멋진 이름을 가진 절이다. 직접 가보면 이름만 멋진 게 아니라 그 이름에 어울리는 아름다움과 멋을 가진 절이란 걸 알게 된다. 모처럼 '산사'라는 이미지에 걸맞는 아담하고 조용한 절을 만나게 되어 무척 반가웠다.

충남 서산시 운산면 상왕산 자락에 자리 잡고 있는 개심사는 예산에 있는 수덕사의 말사인데, 기록에 의하면 백제 의자왕 11년에 지어진 것으로 전해진다. 작은 절의 규모에 비해 충남 4대사찰이란 명성이 많이 알려진 덕분인지 평일이었는데도 주차장은 많은 차량과 사람들로 복잡했다.

입구의 상가를 지나 조금만 걸어가면 상왕산 개심사라는 현판이 붙어 있는 일주문을 만나게 된다. 보통의 절처럼 평탄한 길을 조금만 걸어가다 보면 익숙한 당우들이 나오겠거니 생각했는데 가파른 계단을 한참이나 올라가 가쁜 숨을 몰아쉬고서야 절을 만날 수 있었다.

안양루에서 바라본 대웅전 서화가 혜강 김규진 선생이 쓴 현판의 글씨가 무척이나 시원스럽고 기품이 느껴진다. 마음을 여는 절 개심사에 오면 닫혀졌던 나와 그대의 마음도 자연스레 풀어 헤쳐질 수 있을까. 살짝 열려 있는 안양루 문을 통해 바라보는 대웅전 풍경은 언제나 푸근한 감동을 안겨준다.

절에 들어서자마자 직사각형 형태의 작은 연못을 만나게 된다. 개심사가 들어서 있는 자리인 상왕산이 코끼리 형상이라서 부처님을 상징하는 코끼리의 갈증을 풀어주기 위해 만들어 둔 것이라 한다. 물 위에는 바람에 흩날리던 무수한 꽃잎들이 켜켜이 쌓여 있다. 연못을 지나는 좁은 나무다리를 건너면 범종각과 안양루, 해탈문 등을 차례로 만나게 된다. 살짝 열려 있는 안양루 문을 통해 대웅전을 바라보는 느낌이 나름 괜찮았다.

나무 덩굴이 자연스레 자라는 해탈문解脫門이 인상적이다. 곧은 나무가 아니라 휘어지면 휘어진 대로, 생긴 그대로 사용한 자연스러움이 좋다. 군데군데 칠도 벗겨져 낡고 늙은 세월의 흔적이 고스란히 느껴진다. 해탈문 옆에 왕벚나무의 벚꽃들이 만개했다. 이 개심사의 왕벚나무들은 전국에서 가장 늦은 시기에 개화한다고 한다. 5월이면 보통 봄꽃이 다 지고 없을 시기인데 기대치 않았던 곳에서 막바지 꽃놀이를 만끽할 수 있어 눈이 아주 호강을 한 셈이다.

경내에 들어서면 대웅전이 단아한 모습으로 중심을 지키고 있다. 여느 사찰보다는 조금 소박한 규모이긴 하지만 위엄이 느껴진다. 경내에도 형형색색의 꽃들이 피어 절집의 풍경을 더욱 다채롭게 해주고 있다. 심검당과 명부전 앞쪽에 가면 가장 화려한 꽃 잔치를 즐길 수 있다. 흔히 보아오던 벚꽃과는 느낌이 확연히 다르다. 화려함은 덜 할지 몰라도 은은하면서도 기품이 느껴지는 듯하다.

심검당 앞을 한참 서 있다 내려왔다. 칼을 찾는다는 뜻의 심검尋劍은 자비로운 절집 이름으로는 어울리지 않아 보이지만 자신을 향해 더욱 엄정한 칼날을 겨누어야 하는 수도자의 마음가짐으로 이해해 보려 한다. 비단 스님들에게만 해당되는 말만은 아닐 것이다. 과연 나는 얼마나 날카로운 칼날로 세상살이에 무뎌져 가는 마음을 찌르고 있을까. 🏵

나의 문화유산답사기 1 – 남도답사 일번지
유홍준 지음 / 창비 / 2011년 5월

유홍준 교수는 이십 년 전 '나의 문화유산답사기' 그 첫 권을 발간하면서 남도답사 일번지로 전남 강진과 해남을 소개하는데 주저하지 않았다. 물론 그는 2권에서 전북 부안을 두고 남도답사 일번지로 많은 고민을 했음을 뒤늦게 고백하고 있지만 내가 직접 가봤던 느낌으로도 강진과 해남이 그 영광의 주인공이 되기에 전혀 부족함이 없어 보인다.

사실 강진과 해남이라는 땅은 우리 역사에 있어서 주역이었던 적이 별로 없었던 것 같다. 우리가 흔히 역사에서 배웠던 바로는 수천여년 민족사의 영광스런 중심에 서지 못하고 조선시대 유배지 중 한 곳으로 그저 변방에 불과했던 곳이었지만, 한편 그로 인해 지금껏 자연 그대로의 멋이 잘 보존되어 있는 것이 아닐까 하는 생각도 해보게 된다.

사십 년을 살아왔던 경상도 땅의 산과 들에서 느껴지는 감흥과 전라도의 그것은 분명 다르다. 그것도 확연히 다르다는 것을 누구나 초행길에서 생생히 느낄 수 있다. 경상도 내륙 지형이 뭔가 고집스럽고 기개가 느껴지는 대신 우악스러운 느낌이 있는 반면, 남도 땅에서는 어린 시절 어머니 품에 안겨 있는 것 같은 편안함과 따뜻함이 느껴져서 좋다.

자주 가지는 못하지만 갈 때마다 그 따뜻한 느낌에 마음을 온통 빼앗기곤 한다. 좀 더 머무르고 싶은 생각이 간절하지만 늘 생활이 그 간절한 소망을 허락하지 않는다. 그래서 돌아오는 길이 그리움으로 남는 것이 아닐까 싶다. 그 애틋한 그리움을 제대로 풀어 보려면 나이 들어서는 남도 땅의 자연을 벗하며 사는 것이 최선의 선택일 것이다.

초판이 나온 지 한참이나 지나 '나의 문화유산답사기'를 펴들고 나서 든 생각은 참 복잡 미묘하다. 그때 그 시절, 그러니까 학교를 휴학하고 군 입대를 앞두고 있을 그 무렵에 난 무엇을 하고 있었기에 이 좋은 책을 읽어 볼 생각을 하지 못했을까, 비록 두려움은 있었겠지만 무작정 광주행 버스를 타고 떠나지 못했을까 하는 후회가 드는 게 사실이다.

그래도 사진을 취미로 하면서 혼자 떠나는 여행의 두려움을 극복하고 최근에 남도의 여러 곳을 직접 돌아다녔던 기억과 감흥이 아직도 남아서 이 책을 읽는 내내 공감하고, 고개를 끄덕일 수 있다는 것에 또 위안을 삼기도 한다. 특히나 좋은 느낌으로 남아 있는 백련사나 개심사, 소쇄원 편을 읽을 때면 마치 그때로 되돌아 가 있는 듯한 착각마저 들곤 했다.

개심사 왕벚꽃 개심사의 왕벚나무들은 가장 늦은 시기에 꽃을 피운다고 한다. 경내 구석구석에 화려하게 피어난 왕벚꽃은 절집 풍경을 더욱 다채롭게 해준다. 너무 빨리 져버린 봄꽃이 아쉽다면 개심사에서 조금 늦은 꽃놀이를 즐겨보는 것도 좋을 것 같다.

개심사 해탈문과 대웅전 기록에 따르면 다포양식의 대웅전은 조선 성종 때인 1484년에 고쳐지었다고 한다. 현재도 그 당시의 형태를 온전히 유지하고 있는 것으로 여겨지고 있는데 조선 전기의 대표적인 주심포 양식인 강진 무위사 극락전과 대비되는 중요한 건축물로 평가받고 있다.

이 책을 통해서 난 '원림園林'이란 말을 알게 됐다는 것에 고맙다. 그동안 정원이라는 표현에 익숙해 왔었는데 소쇄원 편에서 원림과 정원, 그 미묘한 차이를 알게 됐고, 동산과 숲의 자연 상태를 그대로 조경으로 삼으면서 집칸과 정자를 배치한 우리 조상들의 뛰어나고도 멋진 인식에 탄복하지 않을 수 없었다. 소쇄원과 명옥헌은 원림의 멋을 제대로 느낄 수 있는 곳들이 아닌가 싶다.

소개된 모든 곳들이 좋은 곳이긴 하지만 개인적으로는 개심사를 다시 꼭 찾고 싶은 곳으로 꼽는다. 유홍준 교수도 청도 운문사, 영주 부석사와 더불어 서산 개심사를 가장 아름다운 절집으로 꼽았지만 나의 생각도 크게 다르지 않다. 큰 기대 없이 개심사를 찾았던 지난해 봄날의 그 감동을 잊지 못할 것 같다. 비록 크진 않지만 자연 그대로의, 절다운 절이 바로 개심사가 아닐까.

비록 이십 년이나 지나 느지막이 이 책을 꼼꼼히 읽어보게 됐지만 더 늦지 않게 볼 수 있게 되었음을 오히려 고맙게 생각하려 한다. 앞으로도 시간이 날 때마다 이 책을 보고 또 보게 될 것 같다. 아쉬움이 있다면 이 책에 담겨진 이십여 년 전 남도의 풍경이 이제는 모두 사라져 버린 게 아닐까 하는 것, 바로 그것이다. 그 어떤 것도 무심한 세월보다 야속한 건 없는 법이니까.

기청산식물원

자동차로 한 시간이면 충분한 거리에 있지만 다녀오기가 생각처럼 쉽지
않다. 벼르고 벼르던 차에 겨우 기청산식물원의 봄꽃 구경을 하고 돌아
올 수 있었다. 막상 떠나면 금방인데 마음먹기가 왜 그리 어려울까. 한겨
울 내내 언제 봄이 올까 했는데 어느새 계절은 봄의 절정을 이미 지나고
있었다.

기청산식물원은 경북 포항시 청하면 덕성리에 위치해 있는 사설 식물원이
다. 서울대학교 임학과를 졸업하고 낙향한 이삼우 원장이 1965년에 과
수원을 인수하여 한국향토고유수종연구개발농원을 설립한 이후 지금과
같은 모습을 갖추게 된 것이다.

이 식물원은 여타의 수목원과는 달리 공원식 식물원이 아닌 교육 목적
의 박물관식 식물원을 지향하고 있다 보니 아직 일반인에게는 많이 알려
지지는 않은 편이다. 게다가 개인이 세운 사설 식물원이다 보니 입장료도
만만찮다. 그러나 사전에 예약하면 식물전문 가이드의 자세한 설명을 들
어볼 수도 있으니 식물에 관심 있는 분에게는 생태체험生態體驗의 장소로는
안성맞춤이다.

녹음이 짙어가는 기청산식물원 무료로 즐길 수 있는 수목원에 비해 따로 입장료를 받기 때문인지 개인적으로
기청산식물원을 찾는 사람들이 아주 많지는 않은 것 같다. 하지만 이런 이유로 우리 땅에서 자라고 피어나는 나무
와 꽃들을 제대로 살펴보고 즐길 수 있는 곳 또한 이곳이다.

봄날의 기청산을 화려하게 치장해 주던 목련이며 벚꽃은 이미 다 져 버렸다. 그 자리를 이제는 완연한 푸른빛이 대신하고 있었다. 나무들이 새로 난 풍성한 푸른 잎들을 바람에 흩날리는 모습이 다시 돌아온 봄을 만끽하고 있는 듯하다. 매년 반복되는 모습이지만 해마다 또 맞이하는 마음이 새삼스럽다.

언제 봐도 반가운 기청산식물원의 초입 풍경이다. 신록이 품어내는 푸른 빛이 싱그럽기 그지없다. 오늘따라 인적이 드물다. 이맘때면 단체로 식물원을 찾는 발길도 분주한 법인데 이상스레 고요하다. 익숙한 들머리 풍경을 느린 걸음으로 카메라에 담으며 매표소 앞을 지나려는데 직원분이 '월요일 휴관'임을 친절히 알려 주신다.

이 식물원을 찾아온 것이 그동안 몇 번인데 그 사실을 깜빡하고 있었던 것이다. 헛품만 팔고 돌아가야 하나 쭈뼛거리고 있는데 오신 김에 둘러보고 가라는 공식적인 허락이 떨어졌다. 휴관 일을 미리 확인하지 않았던 나의 부주의가 오히려 평일 오후에 이 넓은 기청산식물원을 마치 전세 낸 듯 혼자 둘러보는 호사를 누리게 된 셈이다.

몇 해 전 야생화野生花 공부를 해볼 생각으로 이곳을 자주 찾았을 때만 해도 웬만한 꽃 이름은 꿰고 있었는데 이제는 그마저 가물가물하다. 모습은 익숙한데 이름이 입안에서 맴돌다 만다. 금낭화, 동의나물, 미나리아재비, 애기똥풀, 종지나물, 할미꽃, 앵초, 양지꽃……. 구석구석에 피어난 수많은 봄꽃들이 간만에 찾아온 이를 반갑게 반겨주는 듯하다.

푸름 속에 붉은 동백꽃이 유독 눈에 띈다. 지난달 강진 백련사의 동백나무숲에서 만났던 무수한 붉은 꽃송이들을 떠올렸다. 지금쯤이면 그곳의 동백꽃은 모두 졌으리라. 마치 이 식물원의 가장 깊은 곳, 사람들의 눈에 잘 띄지 않는 숲 속에 외롭게 떨어져 있는 한 송이 꽃봉오리처럼.

머나먼 남도의 땅끝에서 만나는 동백꽃이나 이곳에서 보는 동백꽃이나 반갑기는 매한가지다. 붉디붉은 동백꽃은 가지에 매달려 있을 때보다 땅에 떨어져 그 생명이 사위어갈 때 더욱 더 강렬한 색으로 불타는 듯한 느낌을 받는다. 다시 흙으로 돌아가는 동백꽃을 보며 그 생명이 다하더라도 그 모습이 추하지 않아야 한다는 깨달음을 새삼 얻게 된다.

미로정원이란 것이 새로 생겼나 보다. 쉼 없이 불어대는 봄바람에 대숲이 일렁인다. 대나무들이 서로 몸을 부대끼는 내는 소리를 들으며 미로를 걸어 본다. 한사람이 겨우 걸어 다닐 만큼 좁은 미로 속은 대낮인데도 어둑어둑하다.

평소에는 관심 없이 지나쳤던 것들에 오늘따라 눈길이 오래 머문다. 높이가 제각각 다른 대나무 기둥이며, 흡사 그 모양이 달팽이를 꼭 빼닮은 나무 등걸이며, 아련한 그리움과 사랑을 닮은 하트 모양의 나무까지. 몇 해 전 태풍에 쓰러진 아까시나무에는 새로운 생명들이 피어나고 있었다.

마음처럼 자주 올 수는 없지만 나는 늘 이곳을 마음에 담고 그리워한다. 깊어가는 봄날 오후의 노곤한 햇살이 따갑지 않았던 것은 때맞춰 불어주는 바람 덕분이었고, 홀로 걷는 길이 지루하지 않았던 것은 클래식 선율이 발길을 따라 나와 함께였기 때문이었다. 말 그대로 무릉도원武陵桃源이 따로 없었다.

기청산식물원에 가면 많은 꽃과 나무를 만날 수 있는 즐거움이 있지만 내게는 이곳에 올 때마다 맛보게 되는 또 다른 설렘이 있다. 재롱이라는 귀여운 이름을 가진 고양이가 바로 그 주인공이다. 몇 해 전 처음 이 식물원을 찾았을 때 우연히 내 눈앞에 나타난 이후 내가 식물원에 가게 되면 늘 우연처럼 만나게 되는 오랜 친구 같은 녀석이기도 하다.

봄꽃 구경은 못하더라도 녀석은 꼭 보고 갔으면 좋겠다는 내 마음을 재롱이가 알아차렸던가 보다. 식물원 구경을 다 마치고 나오는 길가에 녀석은 언제부터 자리를 잡고 있었는지 곤한 낮잠에 취해 있었다. 얼마 전에 다친 발은 아직 다 낫지 않은 것 같았다. 상처 때문인지 아니면 이제는 늙어버린 육신의 피곤함 탓인지 옆에서 깨우고 머리를 쓰다듬어도 좀처럼 일어날 기미가 보이지 않는다.

몇 번 눈이 마주쳤지만 귀찮다는 듯 돌아눕는 녀석이 야속하기보다는 그저 안쓰럽다. 사람이나 짐승이나 흐르는 세월을 거스를 수는 없는 노릇일 테지. 그래도 다친 발이 어서 나아 뱀과 맞짱을 뜨던 용맹함과 식물원 손님들에게 보여주던 재롱을 다시 볼 수 있었으면 하는 마음을 전해주고 기청산의 푸른 숲을 되돌아 나왔다. 🐾

기청산식물원의 마스코트 재롱이 기청산식물원을 갈 때면 늘 재롱이를 만날 수 있다는 생각에 가슴이 뛴다. 여유롭게 구석구석을 걷고 있으면 어찌 알고 왔는지 어느새 내게 몸을 부비고는 제 기분 내키는대로 사라진다. 더 이상 볼 수 없으면 어쩌나 하는 안타까움을 매번 느끼게 하는 고약한 녀석이다.

무취미의 권유
무라카미 류 지음, 유병선 옮김 / 부키 / 2012년 2월

무라카미 류라는 작가에 대해 잘은 모르지만 이름은 익히 들어
알고 있다. 무라카미 하루키와 더불어 일본을 대표하는 소설가로
알려져 있지만 사실 그는 영화감독, TV 토크쇼 진행자, 사진작
가 등 다양한 활동에서 두각을 나타내고 있다고 한다. 하나도 하
기 힘든 일을 척척 잘 해내는 사람을 보면 부러운 생각이 든다.

그의 주 종목인 소설이 아닌 '비지니스 잠언집'이라는 생소한 쟝
르의 책을 먼저 접했다. "무취미의 권유"라는 제목마저 생소하다.
아마도 일본식 표현을 그대로 번역해 온 것이 아닐까 추측해 본
다. 이 책은 비지니스맨을 위한 월간지 '괴테'에 무라카미 류가 연
재했던 글들을 한 권의 책으로 엮어낸 것이다.

평생을 살면서 봉급을 받아 생활하는 직장생활의 경험이 없는 무라카미 류가 비지니스맨을 위한 충고로 가득 찬 잠언집箴言集을 냈다는 거 자체가 어찌 보면 아이러니하게 보일 수도 있을 것 같다. 아마도 그건 그가 '캄브리아 궁전'이라는 TV 프로그램을 통해 한 분야에서 성공을 거둔 거장들의 삶을 냉철하게 들여다본 탓일 수도 있을 것이고, 소설가로서 다양한 삶을 대신 살아본 덕분에 이렇게 '주제넘는' 가르침을 줄 수 있지 않을까 생각해 보게 된다.

그는 첫 장 '무취미의 권유'에서 요즘 넘쳐나는 취미에 대해 상당히 부정적인 입장을 피력하고 있다. 그에게 취미란 기본적으로 노인의 것이다. 취미가 나쁜 것은 아니지만 너무나 좋아해서 주체할 수 없을 정도로 몰두하게 만드는 무언가가 있다면 젊은이들은 그것을 취미로 하는 아마추어가 될 것이 아니라 일로 삼는 프로가 되는 게 자연스런 흐름이라 얘기한다.

취미의 세계에는 자신을 위협하는 건 없지만 삶을 요동치게 만들 무언가를 맞닥뜨리거나 발견하게 해주는 것도 없다는 지적 또한 맞는 말이다. 무언가를 해냈을 때 얻을 수 있는 진정한 성취감과 충실감은 상당한 비용과 위험이 따르며, 결국 우리는 '일'을 통해서만 이런 것들을 모두 경험할 수 있다며 무라카미 류는 무취미를 우리에게 권유하고 있다.

하지만 내 생각은 조금 다르다. 나 역시도 사진을 취미로 한 지 몇 년이 지났다. 그전에는 야구에 푹 빠져 살았던 적도 있다. 취미가 직업이 될 뻔한 적도 물론 있었다. 무라카미 류는 너무나 좋아서 주체할 수 없을 정도로 몰두하게 만드는 무언가를 일로 삼으라고 충고하지만 평생의 직업인 일이 그런 존재라면 사람들은 과연 행복할까를 고민해 보게 된다.

그렇게 푹 빠질 수 있는 감정은 그것을 즐길 수 있을 때만 오래 지속될 수 있는 법이다. 취미를 통해서도 성취감과 충실감을 충분히 느낄 수 있는 법이고, 그것은 치열한 생존경쟁의 통로인 '일'로 인해 지친 사람들에게 숨고르기의 시간과 여유를 주는 것이기 때문이다. 그런 이유로 나는 무례하게도 무취미보다는 오히려 '다취미多趣味의 권유'를 해주려 하는 것이다.

백련사 白蓮寺

3월 중순쯤 남도 쪽을 한 바퀴 돌아볼 생각이었는데 한 달이나 늦어 버렸다. 이미 동백꽃은 다 지고 없으리라. 하동의 섬진강가에는 벌써 벚꽃이 한창이었으니 붉디붉은 백련사의 동백꽃은 1년 뒤에나 다시 볼 수 있겠다 싶었는데 이게 웬걸 백련사 들어가는 초입에는 동백꽃이 한창이었다.

바람에 흩날려 땅에 떨어진 붉은 잔해들도 많았지만 여전히 강렬한 색채로 싱싱한 매력을 뽐내고 있는 꽃들도 한가득 이었다. 푸른 나뭇잎과 붉은 꽃잎의 대비가 절묘한 조화를 이루고 있었다. 백련사 주변을 둘러싸고 있는 이 동백나무숲은 천연기념물 제151호로 지정되어 있는데 봄이면 그야말로 장관을 이룬다.

이 아름다운 동백나무숲을 제 정원처럼 가지고 있는 백련사는 참 복 받은 절이 분명하다. 백련사를 오르는 길을 따라 걷다 보면 다산초당茶山草堂으로 향하는 길을 만나게 된다. 이곳 강진과 백련사는 다산 정약용이라는 인물을 빼고는 설명할 수 없는 곳이기도 하다. 생의 대부분을 이곳 강진에서 유배생활로 보냈으니 그의 한恨이 땅 곳곳에 남아있을 지도 모를 일이다.

백련사 동백꽃 나뭇가지에 매달려 싱싱한 아름다움을 뽐내는 동백꽃보다 땅에 떨어져 있는 꽃에 눈길이 간다. 사람들의 발길에 으깨지고 바람과 비에 흐트러진 동백꽃은 오히려 더욱 붉게 타오르는 듯하다.

백련사 사적비 비의 외형을 보면 귀부龜趺와 이수螭首, 비신碑身을 모두 갖춘 완전한 형태다. 고려시대 때 만들어진 원래의 귀부 위에 조선 현종 10년1669년에 홍문관수찬을 지낸 조종저趙宗著가 새긴 비를 세웠다고 전해진다.

이곳 백련사는 통일신라시대 말기인 문성왕 1년(839)이 무염 스님이 창건한 것으로 전해진다. 전남 강진군 도암면 만덕산에 자리 잡고 있는데 처음에 백련사로 불리다 이후 만덕사로 개칭하였다 다시 본래 이름을 되찾았다. 조선시대 숭유억불 정책과 왜구의 침탈로 폐사 지경에 까지 이르렀으나 세종대왕의 형님이신 효령대군이 이곳에서 8년간 기거하면서 큰 불사를 일으켜 사세를 많이 확장했다고 전한다.

백련사는 작고 소박한 절이다. 절터도 그리 넓지 않고 남아 있는 당우도 몇 채 되지 않는다. 그런데 참 이상하다. 내게는 지금껏 다녀본 그 어떤 사찰보다 크고 웅장한 곳이라 여겨진다. 아마도 그 이유는 절에서 지척으로 손에 잡힐 듯 보이는 강진만康津灣 때문이 아닐까 생각해 본다.

물론 절에서 푸른 바다를 조망할 수 있는 절은 여럿 있다. 내가 다녀본 동해안의 낙산사나 등명락가사도 역시 그렇다. 시원스런 동해의 푸른 바다와 이곳 백련사 마당에서 내려다보이는 강진만의 바다 풍경은 그 느낌이 사뭇 다르다. 좀 더 포근하고 다정한 느낌이라고 할까. 마치 이곳 사람들의 심성을 꼭 빼닮아서가 아닐까. 🏵

풍경을
그리다

절은 절하는 곳이다
정찬주 지음 / 이랑 / 2011년 2월

나는 절을 좋아한다. 그렇다고 해서 불심이 충만한 신자는 아니다. 그저 고즈넉한 산사에 갔을 때 느껴지는 포근함이 좋고, 절을 감싸고 있는 산자락과 잘 어울리는 누각과 당우들을 카메라에 담는 순간이 좋기 때문이다. 그래서 몇 해 전부터 작정하고 주변의 이름난 고찰들을 돌아보는 중이다.

전국에 수백 수천의 절이 있을 것이다. 이 중에서 어딜 가볼까 선택하는 것은 늘 고민거리다. 이번에 그 힘든 선택에 도움을 주는 책이 한 권 나왔다. 인터넷에서 책을 검색하다 우연히 이 독특한 제목의 책을 발견하고는 무언가에 홀리듯 바로 주문을 했다.

'절은 절하는 곳이다.'라는 알 듯 모를 듯한 제목을 가진 이 책은 소설가 정찬주가 남도의 작은 절 마흔세 곳을 소개하고 있다. 이 책의 지은이는 꽤 유명하신 분인 거 같은데 내겐 생소하다. 전남 화순군 쌍봉사의 이불재에서 10년간 작품 활동을 하고 있다고 한다. 책을 읽다 보니 불교에 대한 식견이나 스님들과의 인연도 꽤 깊으신 거 같다.

책을 읽다 보니 나와도 통하는 것이 꽤 많은 것 같이 느껴진다. 나 역시도 관광객들이 넘치는 큰 절보다는 조용히 사색할 수 있고, 내려놓을 수 있는 작은 절들이 좋다. 그래서인지 이 책에서는 남도의 이름난 대찰들은 대부분 빠져 있다. 물론 해남의 대흥사나 부안 내소사 같은 조계종 본사들도 소개하고 있지만 이 절들도 그 규모나 위세가 그렇게 위압적이지는 않은 곳이다.

평소 관심이 있는 분야다 보니 금방 읽혀진다. 이틀 만에 다 읽고는 다시 한 번 더 찬찬히 곱씹어보고 있는 중이다. 마흔세 곳의 절 가운데 내가 다녀온 곳을 손꼽아 보니 겨우 아홉 곳에 불과하다. 조만간 다녀올 생각을 하고 있던 곳도 여럿 된다. 이 책에 실려 있는 사진을 보니 어서 빨리 그 모습을 친견하고 싶다는 마음이 간절해짐을 느낀다.

시詩란 말言과 절寺이 합쳐진 말이라고 작가는 서문에서 밝히고 있다. 그렇고 보니 그렇다. 그 시라는 것은 화려한 어휘로 포장된 것이 아니라 마음을 비우고 온전한 나의 모습을 바라보는 묵언黙言의 시가 어울릴 것이다. 조만간 고즈넉하고 작은 절을 찾아 떠나봐야겠다. 절은 절하는 곳이다. 이 책은 행복한 사찰 순례를 꿈꾸는 분들에게 추천해 드리고 싶은 책이다.

지례예술촌

왜 이제서야 이곳에 왔을까 하는 마음이 들게 하는 곳이었다. 임하호를 따라 굽이굽이 좁은 산길을 돌고 돌아 마침내 지례예술촌 앞마당에 당도했다. 이정표를 따라오긴 왔지만, 이 깊은 산중에 있는 게 맞기나 한 건지 의구심이 들 정도로 깊숙이 숨어 있었다.

사방에 꽃이 피어나 따뜻한 봄날을 느끼게 하는 풍경이었다. 지례예술촌의 첫인상은 따뜻함, 그리고 여유로움이라 얘기할 수 있겠다. 호숫가에 자리 잡은 고택에서의 하룻밤은 얼마나 낭만적일까 잠시 생각해 봤다. 이 지례예술촌에는 모두 열네 개의 객실이 마련되어 있어 일반인들에게 고택 체험을 제공하고 있다.

마침 군데군데 공사가 한창이라 조금 어수선하긴 했지만 아직은 손님이 찾지 않는 토요일 낮이라 이따금씩 울리는 중장비 소리만이 고택의 고요함을 깨운다. 넓은 주차장에 차를 세우고 계단을 오르면 행랑行廊채가 나온다. 예전 같으면 하인들이 머물던 문간방이겠지만 바로 앞에 임하호가 바라보이는 위치라 인기가 많다고 한다.

지례예술촌 초입의 계단 개나리가 꽃망울을 활짝 터뜨린 어느 봄날에 무언가에 이끌리듯 지례예술촌을 처음 찾았다. 번잡한 세상과 작별하고 비밀스럽고 고요로 충만한 공간으로 들어서는 돌계단은 피안의 세계로 가는 계단, 바로 그것이었다.

대문을 들어서면 넓은 마당을 두고 정면에 지촌종택이, 오른편으로는 별당이 보인다. 건물에서 고풍스러움이 넘쳐흐른다. 이 별당 옆으로 나 있는 작은 문 안에는 지산서당이 있는데 우리나라 서당 건물 가운데 가장 크고 금강송金剛松으로 지어졌다고 한다. 지산서당 옆으로 지례예술촌을 한 바퀴 휘감고 있는 담장의 모습이 소박하다.

지례예술촌의 역사를 살펴보면 조선 숙종 때 대사성 벼슬을 지낸 지촌芝村 김방걸金邦杰의 자손들이 340년간 동족마을을 이루어 온 곳이다. 워낙에 첩첩산중에 있다 보니 1975년에야 비로소 마을에 전기가 들어오고 버스가 다녔다고 한다. 임하호 건설로 인해 수몰될 위기에 처하자 1986년부터 1989년까지 마을 뒷산 중턱에 새로 옮겨지었다고 하니 이 유구한 역사와 전통을 지닌 고택이 사라지지 않은게 참 다행이란 생각이 든다.

지례예술촌을 한 바퀴 돌고 나와도 처음 느꼈던 그 따뜻하고 좋은 느낌은 여전하다. 새벽 일찍 깨어나 임하호의 깊고 푸른 안갯속에 잠겨있는 지례예술촌을 여유롭게 걷고 있는 내 모습을 상상해 보니 이곳을 떠나기가 싫어진다. 다시 이곳을 찾아와야겠다. TV도 없고 컴퓨터도 없는 이곳에는 책이나 몇 권 들고 오면 족하겠다. 가끔은 모든 것을 놓고 아무것도 없는 나로 돌아가 보는 것도 좋으리라. 🏵

지례예술촌의 넓은 마당 우리 건축의 진정한 아름다움은 넓고도 깊은 마당에 있다고 해도 과언이 아니다. 따로 떨어진 것처럼 보이는 각각의 독립된 공간들이 이 마당을 통해 하나로 이어지고 증폭된 에너지를 만들어낸다.

바람이 분다 당신이 좋다
이병률 지음 / 달 / 2012년 7월

오랜 기다림 끝에 이병률의 두 번째 여행 산문집이 나왔다. 책을 주문하고도 한참을 기다려서야 손에 쥘 수 있었다. 기다림의 연속 끝에 '바람이 분다 당신이 좋다'라는 마음에 드는 제목과, 깔끔하면서도 눈길을 끄는 표지를 가진 책을 만나게 된 셈이다. 그리고 그 오랜 기다림의 허기를 채우고 싶었던 것인지 순식간에 읽어 내려갔다.

난해難解했다. 몇 시간 만에 이 책을 읽고 난 뒤의 첫 느낌은 딱 이랬다. 물론 시인의 글에는 수많은 비유比喩와 상징象徵, 축약縮約이 들어 있어서 긴 호흡으로 여러 번을 들여다보아야만 지은이의 속마음에 좀 더 가까이 다가갈 수 있는 법이긴 하다. 그의 전작 '끌림'을 통해 시인의 언어에서 느껴지는 신선함에 깊이 매료되었던 내게 이번 책은 확실히 '공감' 면에선 어려움을 겪을 수밖에 없었다.

특이하게도 이 책에는 페이지도 없고, 프롤로그나 에필로그도 없다. 책에 담겨 있는 58개의 글들은 각각 독립적이다. 스토리의 일관된 흐름이 있는 것도 아니니 굳이 처음부터 순서대로 읽을 필요도 없다. 마음 내키는 대로 어딘가를 열어서 읽어도 좋다. 읽다 이해가 되지 않는 대목은 훌쩍 뛰어넘어도 상관없을 것 같다. 다음에 내가 시인의 눈과 가슴으로 바라보고 느낄 때가 온다면 그때 다시 꺼내서 찬찬히 곱씹어 봐도 좋겠다.

부러운 사람이다. 시인은 자신의 삶이 만족스러울지 모르겠지만, 여행과 사진에 관심이 많을 지라도 막상 자유롭게 어디론가 떠날 수 없는 나 같은 사람들에게 이병률은 그런 존재다. 멀리 떠나서야 겨우 마음이 편하니 이상한 사람. 아무 정한 것도 없으며, 정할 것 또한 없으니 모자란 사람이라 책 표지에선 이병률을 소개하고 있지만 '떠날 수 있고, 마음속의 새장 속에 뭔가를 담을 수 있으니 행복한 사람'인 것이다.

자기는 없고 언제나 다른 사람만 생각하는 것 같은 사람. 이토록 많이 받아서 영영 받기만 하면서 사는 사람으로 굳어져 버리게 될까 두렵고 어려웠던 사람. 그렇게나마 내 허술한 빈 곳을 가릴 수 있으니 나에게는 축제 같았던 사람. "나이 많은 사람 만나러 나오는데 뭐하러 씻고 나와요?"라고 말해 주는 사람. 작가는 그 사람을 나를 덮어주는 사람이라고 표현했다.

참 멋진 말이다. 때로는 이불이 되어 따뜻한 온기를 품어주기도 하고, 때로는 한없이 넓은 마음으로 모자라고 부끄러운 치부恥部를 모른 척 덮어주기도 하는 사람이 있다면 세상 살아가는 것이 한결 나아질 수 있을 것이다. 문득 누군가 나를 덮어주는 사람이 있을까 하는 생각보다는 과연 나는 지금 누군가를 덮어주는 사람일까 하는 의문이 들었다. 지금껏 그러지 못했다면 앞으로는 그럴 수 있을까.

책이 참 예뻐서 자꾸 만지작거리게 된다. 글이 머릿속에 들어오지 않아도, 가슴을 쿵쿵 울리지 않아도 흰 여백을 채우고 있는 까만 글자들을 좋게 된다. 글과 함께 실려 있는 수많은 그의 사진들을 보면서 잠시 생각해봤다. 그동안 내가 찍어왔던 수많은 사진 가운데 누군가에게 보여줄 만한 것들이 있었던 걸까. 그래서 그 사진 속에 담겨진 수많은 시간과 기억들을 다른 누군가와 공유할 수 있는 호사스런 행운이 내게도 찾아오기는 하는 걸까 하는 부질없는 생각들을……

그런데 말이다. 나는 말이다.
바람이 불지 않아도 당신이 좋다.

천은사泉隱寺

인연이 닿았더라면 아마도 좀 더 일찍 천은사를 찾았을 것이다. 이제서야 이렇게 좋은 곳을 알게 된 것이 아쉬울 정도다. 지리산의 넉넉한 품속에 안긴 듯 자리 잡고 있는 지리산 천은사는 규모가 크지는 않지만 있어야 할 것은 다 갖추고 있는 넉넉한 절이라는 느낌이 든다. 지금껏 전해 내려오고 있는 구렁이 설화說話가 이 고찰의 오랜 역사를 더욱 돋보이게 해 준다.

천은사는 조계종 제19교구 본사인 화엄사의 말사로 전남 구례군 광의면 방광리 지리산 서남쪽에 자리 잡고 있다. 화엄사, 쌍계사와 더불어 지리산 3대 사찰로 손꼽힌다. 신라 흥덕왕 3년에 인도의 덕운 스님이란 분이 중국을 통해 우리나라에 들어와 전국의 명산을 찾아다니다 이곳에 천은사를 창건한 것으로 전해지고 있으나 정확한 기록은 남아있지 않다.

천은사와 관련하여 재미있는 설화가 전해 내려오는데 간단히 소개하자면 다음과 같다. 원래 절 이름이 감로사였는데 조선 숙종 5년인 1679년에 단유선사가 이 절을 중수할 무렵에 절의 샘가에 큰 구렁이가 자주 나타나 사람들이 두려움에 떨었다고 한다. 이때 한 스님이 용기를 내 구렁이를 잡아 죽였는데 이후 절의 샘에 물이 솟지 않았다고 한다.

천은사의 배롱나무꽃 밋밋한 여름 풍경에 활력을 불어넣어주는 배롱나무꽃의 붉은 빛은 강렬하다. 수행과 정진에 몰두해야 할 도량에는 어울리지 않아 보이지만 그마저도 구도의 도구로 여긴 고승들의 깊은 뜻을 가늠이나 할 수 있을까.

이런 이유로 '샘이 숨은 절'이란 뜻의 천은사로 절 이름이 바뀌었는데 문제는 절의 이름을 바꾸고 크게 중창했지만 화재가 나는 등 불상사가 자주 발생했다는 것이다. 사람들은 물의 기운을 관장하는 이무기를 잡아죽인 탓이라고 수군거렸는데 조선시대 4대 명필 중 한 명으로 칭송받는 이광사가 이곳을 찾았다가 그 이야기를 전해 듣고는 물이 흘러 떨어지는 듯한 필체로 지리산 천은사란 현판을 써주고는 일주문에 걸면 다시는 화재가 생기지 않을 것이라 했다.

사람들이 그대로 따라 했더니 신기하게도 이후에는 절에 불상사가 생기지 않았다고 한다. 지금도 이광사의 물 흐르는 듯한 특이한 필체의 현판이 일주문에 붙어 있다. 문외한이 보더라도 참으로 특이한 필체가 아닐 수 없다. 오랜 역사와 더불어 구렁이 설화가 전해 내려오는 천은사는 그래서 더 신비롭게 느껴지는 듯하다.

절의 느낌은 단아端雅하면서도 고풍스럽다. 화엄사 같은 크고 웅장한 느낌은 들지 않지만 깊다고 해야 하나, 하여튼 그런 느낌이 드는 절이라서 좋다. 극락보전과 팔상전을 지나 관음전에 오른다. 관음전 뒤편에 한참을 앉아 서늘한 가을바람을 즐기던 그날의 느낌이 지금도 생생하다. 풀 내음이며, 시원한 숲 내음이 마음을 푸근하게 만들어 주었다.

아쉬움이 많이 남는다. 좀 더 오래 이곳에 머물러 있을 걸 그랬다. 그 평온한 시간, 무심히 흘러가는 흰 구름을 바라보고 있노라면 시간마저 멈춰버린 듯 했다. 세상에서 가장 요염한 다람쥐가 이따금씩 그 고요함을 깨워주었던, 조금 이른 가을날의 천은사를 잊을 수 없다.

극락보전 앞에는 백일 동안 붉은 자태를 뽐내는 배롱나무 꽃이 마지막 열정을 불태우고 있었다. 천은사에는 내가 좋아하는 향기가 있다. 그 맑고 은은한 향기가 내가 머물렀던 구석구석에 지금도 온전히 남아 있을 것임을 믿는다. 천은사에 가는 날, 나는 또 그 향기를 좇아 한참을 관음전觀音殿 뒤편에서 머물러 있게 될 것이다. 終

천은사 관음전 천은사에 갈 때면 항상 관음전 뒤편에 오래 머물곤 한다. 어디선가 스며 나오는 맑은 향기에 취해, 푸른 하늘에 떠다니는 흰구름으로 그리운 얼굴 하나 그려보곤 한다. 조금 더 머물러 있을 걸, 아예 뿌리내리고 살 걸 하는 후회도 하면서.

풍경을
그리다

꽃 피는 삶에 홀리다
손철주 지음 / 오픈하우스 / 2012년 03월 14일

모처럼 마음에 쏙 드는 책을 만났다. 미술 담당 기자로 일하며 그림 이야기를 해왔던 손철주의 에세이 '꽃 피는 삶에 홀리다'라는 책이 바로 그것이다. 그림처럼 마치 책 속에 담긴 글에, 그림에, 시에 홀린 기분이다. 〈그림 아는 만큼 보인다〉 〈다, 그림이다〉 등 이전에 나온 그의 책을 미처 읽어보지 못한 아쉬움이 그래서 더 커진다.

이 책은 크게 세 개의 장으로 나뉘어져 있다. 제1장은 책의 제목과 같은 '꽃 피는 삶에 홀리다', 제2장은 '사람의 향기에 취하다', 그리고 마지막 장은 '봄날의 상사相思를 누가 말리랴'는 이름을 제각기 달고 있다. 내 개인적 취향으로는 첫 장이 가장 마음에 든다. 일상의 담백한 이야기와 느낌이 담겨있는 것이 좋다.

어젯밤 비에 꽃이 피더니
오늘 아침 바람에 꽃이 지네
가련하다, 한 해의 봄날이여
오고감이 비바람에 달렸구나
花開昨夜雨 花落今朝風 可憐一春事 往來風雨中

선조 때의 문장가 송한필의 오언시에 담긴 정서는 다분히 보편적이다. 덧
없이 흘러가는 봄날의 정취에 대한 아쉬움은 감정을 지닌 사람이면 누구
나 공감할 수 있는 느낌이다. 그래서 금세 지고 나는 꽃을 보면서 사람들

은 상실감에 빠지기도 한다. 하지만 여기서 멈춰서는 안 될 것 같다.

꽃 심으면 안 필까 걱정하고
꽃 피면 또 질까 걱정하네
피고 짐이 모두 시름겨우니
꽃 심는 즐거움 알지 못해라
種花愁未發 花發又愁落 開落摠愁人 未識種花樂

가는 봄을 아쉬워하는 마음보단 바람에 피고 지는 꽃에 연연하지 말고, 비바람을 탓하지 않는 성숙함을 배워야 하겠다. 고려시대 문인인 이규보의 시에서 그 깊은 뜻을 배워볼까. 꽃은 피고 지는 것이 제 태어난 숙명이요, 우리는 그저 자연의 섭리攝理 속에 피고 지는 꽃을 심고 가꾸고 지켜보는 즐거움을 누리면 그만일 것이다. 어차피 좋은 것 두고 떠나는 게 인생이니까.

그의 박학다식함이 부럽다. 그의 물 흐르듯 유려한 문체와 짐짓 젠 체하지 않는 편안함을 닮았으면 좋겠다. 미술 담당 기자라는 그의 출신답게 그의 책 속에는 아는 만큼 보이는, 보는 만큼 보이는 그림들이 있다. 어차피 우리 사는 세상이 다 그림이라고 한다면 그림에 좀 더 집중할 필요가 있겠지만 아직은 보는 눈이, 느끼는 마음이 부족한 가 보다.

내게는 오히려 책 곳곳에 소개되어 있는 시들이 더 마음에 와 닿는다. 어쩌면 이렇게 내가 원하는 옛사람들의 한시를 한자리에 모아 놓았는지 신기한 생각이 들 정도다. 이 책은 그래서 꽃 피는 봄에 더 잘 어울릴만 할 것 같다. 지은이의 표현처럼 소생하는 봄날의 상사를 감히 누가 말릴까 싶다. 두고두고 시간 날 때마다 펴서 읽어보고 싶은 책을 만나서 반가웠다.

명재고택明齋古宅

건축가 함성호의 '철학으로 읽는 옛집' 마지막에 명재 윤증고택이 소개되어 있다. 명재고택을 찾았던 날은 마치 봄날 같았다. 한낮 햇볕의 따뜻했던 느낌이 아직도 생생하게 남아 있는 듯하다. 홀로 걷고 있어도 누군가가 옆에 함께 있는 듯한 느낌이 들었다. 햇볕을 받아 온기가 감도는 마루에 앉아 오래된 나무의 감촉을 손으로 매만지며 그 따뜻함을 만끽하던 찰나의 행복이 떠오른다.

오래되고 말 없는 것들이 사람에게 건네는 그 따뜻함은 뭐라 설명할 방법이 없다. 마음을 표현하려 있는 말 없는 말 다 끄집어내 보는 사람들의 어리석음을 그들은 또 그렇게 말없이 타이르고 있는 것인지도 모르겠다. 아무 말 없이도 얘기할 수 있고, 교감할 수 있는 경지에 오르려면 또 얼마나 긴 세월이 필요할 것이며 마음공부가 필요할런지.

함성호는 책에서 명재 윤증고택을 다각적 추론推論의 집이라 설명했다. 다분히 일반인들은 이해하기 어려운 철학적 사유가 담겨있다고 보았을 것이다. 아마도 그 이유에는 자신의 스승이었던, 정확히 표현하자면 여러 스승 가운데 한 명이었던 노론老論의 거두 우암 송시열에 맞서 소론少論의 젊은 영수 역할을 맡아야 했던 윤증의 운명과 연관 지을 수밖에 없을 것 같다.

다각적 추론의 집 명재고택의 사랑채인 리은시사는 떠돌아 다니다 때때로 숨어 쉬는 곳이라는 뜻도 지니고 있다
한다. 대청에 걸려 있는 허한고와虛閑高臥, 하늘을 가리고 한가로이 눕는다의 뜻과 궤를 같이했던 윤증의 삶을 이곳에서
되돌아 본다.

사문난적斯文亂賊이라는 이름으로 성리학 외에는 그 어떤 것도 허용치 않았던 편협함과 그것을 거스릴 경우 죽음까지 감수해야 했던 시대의 잔인함을 다시금 끄집어내야 하는 것은 불편한 일이다. 그 어떤 말로 변명한다 하더라도 분명 노론 300년은 정치적, 학문적으로 조선시대 후반을 암흑기로 내몰았음을 부인하기는 어렵다.

"생각이 다르면 쓰지 않으면 그뿐이지, 어찌 조정에서 사람을 죽이는가?" 평생을 초야에 묻혀 학문에만 전념하다 겨우 몇 년의 짧은 벼슬살이 끝에 윤휴가 사약을 받으며 마지막으로 남겼다는 말에 대한 대답을 우암尤庵에게서 듣고 싶어진다. 윤증 역시 윤휴의 죽음을 보며 스승 송시열의 주자학적 종본주의宗本主義에 염증을 느꼈을 것이고 새로운 사상과 세상을 염원했을 것이다.

리은시사의 쪽마루 따사로운 봄 햇살을 받아 온기가 감도는 마루에 앉아 오래된 나무의 감촉을 손으로 매만지며 그 따뜻함을 만끽하던 찰나의 행복이 떠오른다. 오래되고 말 없는 것들이 사람들에게 건네는 따뜻한 위로는 무엇으로도 설명할 방법이 없다.

명재고택의 사랑채인 리은시사離隱時舍는 사대부의 당당한 기품과 더불어 따뜻한 온기가 느껴지는 집이다. 나는 감히 집에서 풍수를 논할 수도 없거니와 그 속에 담겨진 성리학적 사유를 이해할 수도 없다. 하지만 전국의 여러 이름난 고택들을 다녀보면서 그 집안 나름의 독특한 분위기를 느껴보게 되는데 이곳은 딱딱한 격식과 규율보다는 편안함이 느껴져서 좋다.

리은시사라는 말은 용이 세상에 나올 때는 그냥 나오는 것이 아니라 때를 기다려 나옴을 말한다고 한다. 보통의 사랑채들이 재齋나 당堂이라는 이름을 쓰는 데 반해 명재고택의 사랑채는 특이하게도 사舍라는 당호를 썼다. 함성호는 리은시사라는 이름에 담긴 뜻을 주역을 통해 다각적인 추론으로 이끌어 냈다.

명재고택을 얘기하면서 빼놓아서는 안 될 것이 있다. 그것은 흔히 '노블리스 오블리제'라 하는 지식인, 가진 자의 도덕적 책무를 소홀히 하지 않았다는 것이다. 윤증 집안은 흉년이 들면 마을에 공사를 일으켜 그 노임으로 쌀을 지급했고, 추수 때면 나락을 길가에 두고 배고픈 마을 사람이 가져가도록 했다 한다.

그런 가풍이 있었기에 이후의 격동기에도 이 집안에는 아무런 피해가 없었다고 한다. 뿌린 만큼 거둔다고 하지 않던가. 리은시사 바로 옆의 넓은 공간을 가득 채우고 있는 장독대는 보는 것만으로도 마음이 풍요로워진다. 그 수많은 장독 속에서 맑은 물과 깨끗한 소금에 녹아들며, 따뜻한 햇살을 받으며 명가名家의 가풍처럼 정갈하면서도 맛깔스런 장이 만들어지고 있을 테지. 🪷

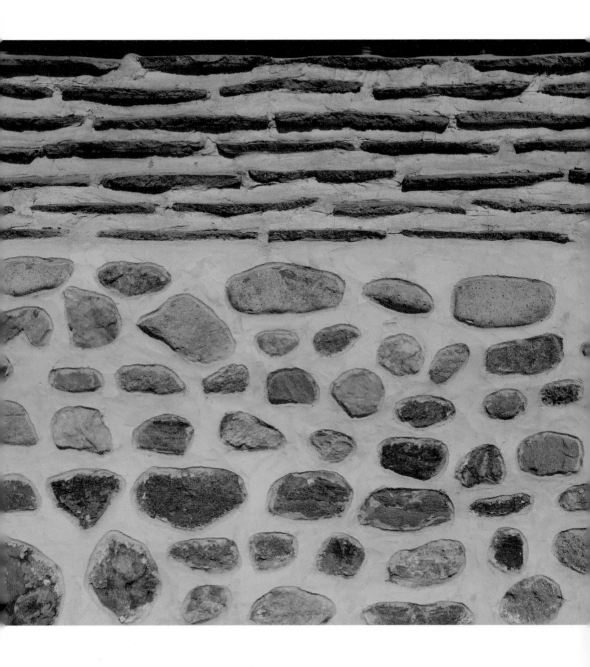

난세에 답하다
김영수 지음 / 알마 / 2008년 12월

수천 년 역사를 통틀어 난세가 아니었던 시절이 있었을까. 역사학자 김수영이 지은 '난세에 답하다'는 책을 읽고 나서 문득 드는 의문이다. 에필로그에 따르면 책의 제목은 출판사 쪽 사람들의 의견이 반영된 것이라 하지만 저자 본인의 의식 또한 크게 다르지는 않았던 것 같다.

어지러운 세상이 곧 난세亂世다. 유사 이래 민초들의 하루하루 살아가기가 힘들지 않았던 적은 없었을 것이다. 가진 자들의 비리와 사회 구조적인 부조리로 갈등과 불화가 심화되지 않았던, 태평성대의 시기가 과연 얼마나 있었을까 하는 의문이 든다. 물론 그 정도의 차이는 분명 존재했을 것이며 지금 이 순간도 국민들은 자신들의 선택에 따른 엄청난 대가를 치르고 있음을 깨닫고 있다.

저자는 진짜 난세를 이렇게 설명하고 있다. 믿음과 꿈과 희망과 이상을 잃은 세상이 바로 난세라고. 개인적으로는 그 정의에 동의하기 힘들다. 수많은 어려움이 놓여 있더라도 오늘보다 내일은 좀 더 나아질 것이라는 희망이 있다면 힘을 모아 분명 난세를 헤쳐나갈 수 있다. 이미 그런 희망마저 사라져 버리고 없다면 절망스럽다. 희망을 잃어버린 세상은 이미 난세조차도 아니다.

이 책은 2007년 EBS에서 32회에 걸쳐 방송되었던 〈김영수의 사기와 21세기〉라는 기획 시리즈를 정리해 엮은 것이다. 저자는 '사람을 알고 세상을 논한다'는 말로 사마천司馬遷의 사기史記를 인간으로 풀어 보고자 한다. 말이 쉽지, 수천 년 전 과거 역사 속 인간을 통해 오늘날의 세상을 이해한다는 것이 녹록치만은 않은 일이다.

그래서 저자는 우리에게 '성찰省察'을 요구한다. 스스로 행하는 자기반성과 강제적 사유를 통해 사마천의 〈사기〉를 들여다보라 한다. 이 책을 읽으며 그것이 궁형宮刑이라는 치욕 속에서 52만 6,500자의 사기를 완성하고 태산 같은 죽음을 비로소 맞이했던 역사학계의 태고태왕 사마천에 대한 예의일 지도 모른다는 생각을 해보게 된다.

4백여 쪽이 넘는 분량이지만 다양한 인간 군상을 통해 사람 사는 세상을 경험할 수 있어서 좋다. 김수영은 프롤로그에서 〈사기〉를 읽는 보람들을 얘기하고 있다. 재미있고, 진한 감동이 있으며 '진퇴의 지혜'가 담겨 있는데다 부조리한 세상에 대한 통렬한 비판을 읽을 수도 있다. 무려 열네 가지나 되는 보람 중에 나는 얼마만큼의 보람을 느끼게 되었을까.

명재고택 전경 윤증은 많은 관직에 제수되었지만 평생 벼슬길에 나가지 않았고, 소론의 수장으로 불리며 조선유학사에서 예학을 정립한 대학자로 평가받는 인물이지만 사실 이 고풍스러운 기와집에 살았던 적이 없다. 이 고택은 그의 여러 제자가 스승을 모시고자 지었지만 윤증은 고택 옆 아주 작은 초가집에 살았다고 한다.

미황사 美黃寺

대구에서 만만찮은 거리에 있는 땅끝 해남으로 떠날 수 있게 해준 건 사진 한 장 덕분이었다. 그 사진은 달마산을 병풍처럼 두르고 있는 우리나라 육지 최남단 사찰 해남 미황사의 모습이었다. 파란 하늘을 배경으로 뉘엿뉘엿 넘어가는 오후의 햇살을 받아 붉게 빛나는 대웅전과 달마산의 기암奇巖들이 절묘한 아름다움을 뽐내고 있었다.

아~ 이렇게나 아름다운 절이 있었구나. 서너 시간을 홀로 운전해야 하는 부담은 있었지만 그 멋진 풍경을 직접 볼 수 있다면 그 정도 고생쯤은 충분히 감수할 수 있었다. 불과 몇 시간 전에 숨 쉬던 공기와는 확연히 다른 것 같은 땅끝의 바다 내음은 신선했다. 수백 km의 거리만큼이나 내 마음도 저만치 내가 살던 곳에서의 기억에서 떨어질 수 있다면 좋으련만.

생전 처음 와 보는 해남에서의 꿈같은 하룻밤을 보내고 아침 일찍 짐을 꾸려 달마산 아래 미황사로 향했다. 바닷가라 그런지 아침 안개가 자욱했다. 도로 근처에 있는 작은 저수지의 안갯속 풍경이 마치 그림 같았다. 똑딱이 카메라로도, 사진을 제대로 배우지 못한 아마추어 사진가라도 그저 셔터만 누르면 작품이 나올 것 같은 풍경이었다.

미황사 세심당의 주련 티끌진 세상을 버리고 하늘세계로 오르려면 선행을 쌓고 어짊을 닦는 것이 가장 먼저이네. 목숨이란 봄풀 위에 맺힌 이슬과 같고 몸뚱이는 저물어 가는 산 위에 걸린 구름과도 같네. 금은의 보화로는 천년을 모아도 만족할 수 없고, 옥과 비단은 백년을 지키지 못하네.

어디에라도 잠시 차를 세우고 이 멋진 풍광을 카메라에 담고 싶었지만 고민을 하다 그대로 지나쳐 온 것이 지금도 그저 아쉬울 따름이다. 어차피 그 황홀할 정도로 고요한 아침 풍경은 내 마음속에 남아 있으니 언제라도 그때의 풍경보다 아름답게 미화해서 기억할 수 있겠지만 다른 이들과 공유할 수 없음은 안타까운 일이다.

미황사는 대흥사에 딸린 말사지만 남도에서는 가장 유명한 템플스테이를 운영하는 절이기도 하다. 불과 십수 년 전만 해도 이곳 미황사는 대웅전, 세심당, 요사채 등의 몇몇 당우만 남아 있었지만 큰 불사를 일으켜 지금과 같은 규모 있는 사찰로 다시 태어났다고 한다.

누군가 미황사를 두고 이렇게 표현했다. 달마산의 돌병풍을 뒤에 둘러치고, 해남과 진도 일원의 다도해多島海를 앞마당 삼아 있다고. 미황사에 도착해 주변 사방을 둘러보면 그 표현이 정말 딱 들어맞는다는 생각이 절로 든다. 처음에 올 때는 달마산의 돌병풍에 반했었지만 대웅전에 서서 저 멀리 손에 잡힐 듯 보이는 다도해의 섬들을 바라보고 있노라면 남도의 이 작은 사찰이 지닌 매력에 누구라도 푹 빠질 수밖에 없을 것 같다.

개인적으로 미황사에 대한 느낌을 얘기하자면 '돌담의 절'이라고 얘기하고 싶다. 군데군데 오밀조밀하게 위치하고 있는 당우들을 둘러싸고 있는 아기자기한 돌담들이 지금도 기억에 남는다. 스님들께서 정진 중이라 곳곳에 말소리와 발소리를 내지 말아 달라는 묵언默言 안내판들이 곳곳에 세워져 있어 내딛는 발걸음조차도 조심스러워진다.

이른 시간인데도 관광버스를 타고 단체로 미황사를 찾는 분들이 많았다. 절 구경하러 온 사람들도 있고, 달마산 산행을 오신 분들도 많으신 것 같다. 절에 올 때마다 이런 단체 관광객들을 만나면 조금 난감해진다. 엄연히 사찰은 종교시설이고 수행을 하는 곳이니 스스로 삼가는 마음을 가지는 것이 당연할 텐데도 일행들의 왁자지껄한 함성이 경내를 소란스럽게 만드는 것이 마땅치 않은 까닭이다.

언제가 될 지는 모르겠지만 나는 분명 또다시 이곳 미황사를, 땅끝 해남을 다시 찾게 될 것이다. 다음번에 미황사를 찾을 때는 해가 서해 바다의 깊은 품으로 안겨갈 때를 놓치지 않으리라. 그 따뜻한 부처님 마음 같은 미황사의 모습을 내 눈과 마음, 그리고 카메라에 온전히 담아오고 싶다. ✸

풍 경 을
그 리 다

남도가 정말 좋아요
40인의 의자 지음 / 디자인하우스 / 2013년 9월

남도를 향한 그리움에는 따로 이유가 없다. 자주 가 볼 수 없어서, 맛깔난 음식들이 많아서, 때 묻지 않은 청정함이 남아 있는 곳이라서…… 사실 이유를 대자면 또 못 댈 것도 없지만 늘 머릿속에서 전라도를 떠올릴 때면 그저 막연한 동경과 호기심, 그래서 무작정 떠나고 싶게 만드는 큰 힘이 마음 깊은 곳에서 요동치는 것을 느낄 수 있다.

그런 사람이 비단 나 뿐만은 아닌 가 보다. 인문학을 공부하는 한국의 디자인 리더들의 모임인 '40인의 의자' 회원들 역시 그런 이유로 건강한 두 다리로 남도를 걷고, 머리로 남도를 배우고, 가슴으로 남도를 느끼기 위해 남도의 구석구석으로 떠났다. 호남의 중심인 광주光州, 정자와 대나무의 고장 담양潭陽은 물론 땅끝마을 해남海南에 이르기까지 전남 지방의 모든 고을을 아우르고 있다.

디자인 리더들의 발길을 따라가는 여행길은 사뭇 흥미롭다. 전문적인 글쓰기를 하는 사람들이 아니니 여행작가들처럼 세련된 글과 사진을 담아낼 수는 없을지 몰라도 남도 땅에 대한 뜨거운 애정이 담겨 있어서인지 인문학 여행을 떠난 이들의 풋풋함과 생기가 전해져 더 좋았다.

나 역시도 기회가 될 때마다 전라도 땅을 여러 번 찾았던 적이 있다. 나름 이름난 유적지나 관광지를 찾아 사람들은 떠나지만 그곳에서 배우고, 느끼며 가슴에 품어오는 것은 사람들마다 다를 것이다. 먼 길을 달려 그저 관광안내 책자에 소개되어 있는 것만 잠깐 찾아보고 오는 것은 허망한 일이다. 아는 만큼 보일 것이니 좀 더 많이 볼 수 있으려면 그 만큼 더 많이 공부해야 하는 이유가 바로 여기에 있지 않을까.

몇 해 전 다녀오려다 아쉽게 기회를 놓쳤던 신안군 증도를 소개한 글에 눈길이 가는 건 어쩔 수가 없다. 어디를 가보고, 무엇을 먹어볼까 하는 행복한 고민 속에 여행 계획을 짜던 기억이 지금도 생생히 떠오른다. 고산孤山 윤선도의 흔적을 찾아 떠나려던 보길도와 세연정의 풍광과는 언제쯤 마주하게 될 수 있을지 기약이 없다. 그리움이 더욱 깊어질 수밖에 없는 이유다.

또 하나, 여행지로서의 남도의 매력이라면 음식을 빼놓을 수 없겠다. 산과 들과 강, 그리고 바다까지 품어 안고 있는 고을답게 그 풍부한 재료를 맛깔나게 담아내는 음식 솜씨 또한 둘째가라면 서러워할 동네가 또 이 남도 아니던가. 멋진 풍경과 어우러진 인문 여행지에 감동받고 돌아가는 길에 남도의 진한 맛까지 긴 여운餘韻으로 남는다면 아마도 최고의 여행으로 기억될 수 있을 것 같다.

산천재 山泉齋

따뜻한 봄바람 불어오는 3월의 어느 날에 무작정 산청으로 발길을 옮긴 이유는 산천재 때문이었다. 지리산 자락 아래 산청 고을에 자리 잡고 있는 남명 조식의 옛집 산천재 역시 '철학으로 읽는 옛집'이란 책 덕분에 다녀온 여정 가운데 한 곳이다.

책 표지에 담긴 산천재의 모습은 따사로웠다. 몇 채 되지 않는 건물과 너른 마당을 주인처럼 자리 잡고 있는 매화나무 한그루가 주는 충만함은 묘한 끌림이 있었다. 그때부터 시작된 산천재를 향한 짝사랑은 몇 달이 지나서야 겨우 그 결실을 맺을 수 있었다. 때마침 5백 년도 훨씬 넘은 유명한 남명매南冥梅가 화사한 꽃망울을 터뜨려 멀리서 찾아온 빈객을 맞아주고 있었다.

실제 눈으로 본 산천재는 전체적으로 좀 더 휑한 느낌이 들었다. 흑백 사진 속의 모습과 달리 고운 단청으로 칠을 해놓은 산천재는 뭔가 좀 어울리지 않는 옷을 입고 있는 것처럼 느껴져 솔직히 불편했다. 함성호 시인이 산천재를 찾은 이후 이곳에도 관리의 손길이 닿은 흔적이 느껴진다. 관리의 필요성은 두말할 필요도 없지만 지나친 관심은 고유의 매력을 훼손할 수도 있음도 잊지 말아야 할 것 같다.

지리산을 마당에 앉힌 집 최석기 교수는 산천재로 가라한다. "남명 선생을 만나려거든 산천재로 가라. 아무 때나 가지 말고 달 밝은 밤에 가라. 아무 때나 가지 말고 늦은 봄에 가라. 여럿이 가지 말고 그대 혼자서 가라. 가을날 빨아 전 소청 같은 밝은 달에 물결도 일지 않는 은하십리 물을 보라. 어쩌다 스치는 봄바람에 매화의 암향이 그대를 고요속에 숨 죽이게 하리라."

덕천서원 시정문 산천재를 나와 덕천강 강가에 자리잡고 있는 덕천서원으로 발길을 옮겨본다. 수령 400년이 넘은 은행나무가 입구에서 나그네를 반겨준다. 시정문 앞에 서서 온통 노란 빛으로 물들 늦가을 풍경을 잠시 상상해본다.

조선시대 선비들은 탐매探梅라는 풍류를 즐겼다고 한다. 매화꽃이 필 때가 되면 매화 향기를 좇아 떠나는 유람이 바로 그것인데 내겐 그런 고매한 풍류를 즐길만한 자격은 없는 듯하니 그저 수백 년 세월을 피고 진 끈질긴 생명력과 두둥실 떠가는 흰 구름을 배경 삼아 피어난 아름다운 꽃을 즐기는 것만으로도 충분할 성 싶다.

산천재 자체는 아주 작은 집이다. 하지만 바로 옆을 흐르는 덕천강과 산천재에 앉으면 눈앞에 우뚝 서 있는 지리산 천왕봉까지 산천재의 공간 속으로 품어 안고 있어 넉넉한 호연지기浩然之氣를 느낄 수 있다. 그 옛날 남명 선생이 그랬던 것처럼 산천재 마루에 한참을 앉아 쉼 없이 흐르는 덕천강 물줄기와 천왕봉을 한참 바라보고 있었다. 그 순간 뭔가 모를 뭉클함이 몰려 왔다.

산천재 마루 벽에는 중국 요임금이 권하는 임금 자리마저 마다하고 오히려 자기의 귀가 더러워졌다 하여 영수에 가서 귀를 씻고 기산에 들어가 지냈다는 중국의 대표적 은사隱士 허유의 고사가 그림으로 그려져 있다. 이는 평생 벼슬을 버리고 학문에만 전념하는 처사의 삶을 살았던 남명의 고매한 삶을 단적으로 드러낸 것이 아닌가 생각해 봤다.

건축가 함성호는 산천재의 풍수를 두고 '지리산을 마당에 앉힌 집'이라 표현했다. 정말이지 산천재가 지닌 특징을 한마디로 잘 정리한 탁월한 어휘의 선택이 아닐까 싶다. 책에서 보는 산천재는 빛바래고 퇴색한 모습 그대로인데 지금의 산천재는 억지로 늙은 얼굴에 화장을 한 것처럼 어색하다. 늙고 퇴락해가는 모습 그대로 두는 것이 칼과 방울을 차고 처사處士의 모습을 지키려 했던 남명의 뜻에 더 어울리지 않을까.

산천재를 둘러보았으니 덕천서원으로 발길을 옮겨 본다. 덕천서원은 산천재에서 그리 멀리 떨어져 있지 않은 덕천강 강가에 자리 잡고 있다. 수령 400년이 넘은 은행나무가 입구에서 나그네를 반겨 준다. 늦가을이면 온통 노란 빛으로 물들 덕천서원의 풍경을 잠시 상상해 본다.

솟을대문인 시정문時靜門을 들어서면 덕천서원의 아담한 풍경이 한눈에 들어온다. 무척 마음에 들었던 덕천서원의 첫인상이었다. 서원들이란 것이 인적이 드문 곳에 세워지게 마련인데 이 덕천서원은 조금 번화한 느낌이다. 물론 이 서원이 처음 세워졌던 1576년 당시에는 지금과 달랐겠지만 인근에 학교도 있고 바로 옆으로 도로도 나 있어 한적함과는 거리가 있다.

이따금씩 차 지나는 소리도 들리고 담장 너머 학교에서 들리는 소리도 끊임이 없지만 이상하게도 마음만은 고요한 느낌이다. 덕천서원 마루에 앉아 하염없이 흘러가는 흰 구름을 바라보던 그때의 기억이 지금도 생생하다. 끊임없이 세상의 소리가 들려오지만 마음속에서는 그저 고요함만이 머물던 그때의 묘한 느낌이 참 좋았다.

처음 덕천서원을 들어서자마자 잘 정돈되어 있다는 느낌을 받을 수 있다. 덕천서원 역시 전형적인 서원의 배치 그대로다. 정면에 강당 격인 경의당敬義堂이 자리 잡고 있고 양쪽에 동재와 서재가 있다. 동재 옆에는 큰 배롱나무가 심어져 있는데 여름철에 붉은 배롱나무 꽃이 만개하면 무척 화사한 풍경을 선사해 줄 것 같다.

덕천서원은 남명 조식 선생의 학덕을 기리기 위해 1576년 최경영, 하항 등의 사림이 건립한 것으로 전해지고 있다. 임진왜란 때 불타 없어진 것을 1602년에 중건했고 광해군 1년에는 나라에서 덕천이라는 현판과 토지, 노비를 하사받아 사액서원이 되었다. 인조반정 등을 겪으며 모진 풍파를 받아야 했던 것은 남명 조식의 삶과도 무관하지 않을 것이다.

덕천서원 바로 곁에 세심정이 있다. 세심정은 덕천서원에서 공부하는 유생들을 위해 덕천강 강가에 세워진 정자인데 그 경관이 통상의 정자들에서 볼 수 있는 것처럼 탁월하지는 않다. 강가에 서서 수백 년 전 이곳의 풍경을 잠시 떠올려 본다. 주역의 성인세심聖人洗心에서 따온 정자의 이름처럼 이런저런 탁한 생각으로 더럽혀진 마음도 강물에 깨끗하게 씻길 수 있다면 좋겠다. 🌊

풍경을
그리다

■ **철학으로 읽는 옛집**
함성호 지음, 유동영 사진 / 열림원 / 2011년 11월

일단 제목에서부터 눈길이, 마음이 이끌리는 책이었다. 나이가 들면서 오래된 우리 옛집들이 지난 아름다움과 가치에 대해 알아가고 싶은 나를 위한 책이었다고 밖에. '집짓는 시인' 함성호가 쓰고 유동영이 사진을 찍은 '철학으로 읽는 옛집'이란 책에는 우리나라를 대표하는 유학자들의 집과 그 속에 담겨져 있는 깊은 철학적 사유를 설명해주고 있다.

굳이 철학이라고는 했지만 사실은 유학儒學의 좁은 틀에만 국한되어 있는 것이 아쉽기는 하다. 하긴 유학, 그중에서도 성리학을 빼고 우리의 철학을 얘기한다는 것이 어불성설이긴 하겠지만 노론 300년이 지배한 역사 탓에 사상과 학문, 철학의 스펙트럼이 다양성을 띠지 못하고 있다는 것은 분명 우리 역사의 또 다른 아픔이라고 봐야 할 것 같다.

회재晦齋 이언적의 독락당獨樂堂을 시작으로 조선시대를 대표하는 성리학자들이 직접 지은 집들이 차례차례 소개되고 있다. 얼마 전에 경주 옥산서원을 찾았던 길에 지척에 회재 선생의 고택이 있다는 얘기를 듣고 독락당에 들렀던 적이 있어 유달리 반가움을 느꼈다. 독락당으로 인해 좀 더 책 속에 빠져들 수 있었음 또한 다 그럴 인연이었던 것이 아닐까.

지은이가 얘기하듯 독락당 풍경의 백미는 바로 곁을 흐르는 옥계천 속에 마치 하나의 풍경으로 녹아 들어가 있는 계정溪亭의 모습이라 할 것이다. 닫혀 있고, 갇혀 있는 듯한 느낌을 지울 수 없었던 독락당 내부와 달리 이곳의 느낌은 완연히 다르다. 물이 흐르고, 바람이 흐르고, 시간이 흘러가듯 이곳에서 회재는 세상과 소통하고 싶은 속마음을 그렇게 달래지 않았을까 상상해 본다.

삶에 있어서 가장 불우한 시절을 보냈던 시기에 지었던 이 독락당에서 멀지 않은 곳에 회재의 또 다른 흔적이 남아 있는 향단이 있다. 향단은 얼마 전에 유네스코 세계문화유산으로 지정된 경주 양동마을을 대표하는 건축물이기도 하다. 7년에 이르는 독락당 시절의 불우한 시절을 견뎌내고 복권되어 경상감사로 제수된 이후 외가가 있던 양동에 자신의 건재함을 드러내기 위해 세웠던 집이었고 이후 양동마을은 경주 손씨와 여강 이씨, 두 집안의 유구한 세거지로 현재까지 남아 있다.

향단香壇을 두고 지은이는 '한국 건축의 수수께끼'라고 했다. 지금껏 많은 사람들의 향단을 설명했지만 여전히 미심쩍은 의문이 남아 있다는 것은 향단이 다른 전통 건축의 공간과는 달리 우리의 기본적인 지식과 상식으로는 이해되지 않는 부분이 많다는 것이다. 그래서 지은이는 향단의 수수께끼를 풀어줄 하나의 단서로 '보이지 않는 집'이라는 화두를 내어 놓았다.

산청 덕천서원 선조 9년1576년에 최영경, 하항 등 사림士林들이 남명南冥 조식曺植의 학덕을 추모하기 위해 그가
강학하던 자리에 건립한 서원으로 광해군때 덕천이라는 이름으로 사액서원이 되었다. 이후 남명학파의 본산이 되
었으나 인조반정 등으로 정치적 풍파를 겪기도 했다.

풍 경 을
그 리 다

향단에 여러 차례 가 본 적이 있다. 지금은 일반인의 출입을 통제하고 있어 향단 안으로 들어가기가 어렵지만 예전만 해도 자유롭게 드나들 수 있었다. 건축에 대해서는 문외한이지만 나 역시도 향단은 독특한 집이었고, 뭔가 감추어지고 닫혀진 느낌이 강했던 기억이 지금껏 남아 있다. 몇 장의 사진으로만 남아 있는 향단은 이제는 더 이상 맘대로 드나들 수 없어 더 아련하다.

회재의 인생을 통틀어 가장 불우한 시절이 담겨져 있는 집인 독락당은 너무나도 여유롭고 완완한 데 비해 화려한 시절의 집인 향단은 지극히 폐쇄적이고 우울한 느낌을 주고 있다는 것을 지은이는 이상하다고 얘기하고 있다. 한술 더 떠 향단은 감옥이라고까지 표현했다. 그 의문에 대한 답은 결국 '풍수風水'로 귀결되어지는데, 다시 정계에 복귀한 회재가 쓰라린 시절을 다시 반복하고 싶지 않다는 염원을 풍수를 빌려 구현했다고 보는 것이다.

책에 소개되어 있는 옛집 중에 겨우 회재의 독락당과 향단, 퇴계의 도산서당 만을 직접 보았을 뿐이다. 책을 보고 있자니 마음은 벌써 지리산 산자락 아래로, 붉디붉은 동백꽃과 담백한 차향이 느껴지는 듯한 강진으로, 남도의 거친 파도 너머 보길도로, 금강과 넓은 황산벌이 내려다보이는 강경의 언덕 위로, 화양구곡의 절경 속으로 빠져들어 있는 듯하다.

남명의 추상같은 자기 절제의 정신이 배어있을 지리산의 산천재, 해상의 도학자 윤선도가 남긴 보길도의 세연정, 고난한 유배생활에서도 결코 자신을 놓지 않았던 다산을 만날 수 있는 강진의 다산초당, 현실주의자 김장생의 임이정, 우암 송시열이 남긴 우암고택, 팔패정, 남간정사의 흔적들, 윤증 고택을 향한 발걸음도 서둘러야겠다. 마음이 급하다. 봄은 어디쯤 오고 있으려나.

화엄사 華嚴寺

오래전부터 그 명성은 익히 들어 알고 있었지만 지리산 자락에 자리 잡고 있는 화엄사를 찾는 게 마음처럼 쉽지만은 않았다. 화엄사는 조계종 제19교구 본사本寺의 명성에 걸맞는 규모를 자랑한다. 화엄사를 처음 찾는 사람들이면 누구라도 그 웅장함에 절로 탄성을 자아낼 것이 분명하다. 일주문부터 본전인 대웅전에 이르기까지 구석구석 깔끔하고 단아하게 정돈된 모습 그 자체다.

크고 웅장한 사찰에 들어서면 위압감을 느끼는 게 보통이지만 화엄사는 빛바랜 단청 그대로, 이끼 긴 돌탑 그대로의 모습에서 천 년 고찰다운 세월의 무게와 더불어 정겨움을 느낄 수 있다. 누군가가 화엄사를 "고요와 청순淸純의 아름다움이 지리산 깊은 산 속에 맥맥히 넘쳐흐르는 느낌"이라고 표현했다고 하는데, 정말 그 느낌 그대로인 것 같다.

화엄사는 화엄경華嚴經의 두 글자를 따서 붙여진 이름이며 백제 성왕 22년에 연기조사가 창건한 것으로 전해진다. 보통 신라시대나 통일신라시대 만들어진 사찰에 익숙했었는데 모처럼 전라도 땅에서 백제시대 사찰을 볼 수 있게 됐다. 그래서인지 왠지 기품 있고 단아한 느낌이 드는 것 같기도 했다.

지리산 화엄사 화엄사의 '고요와 청순의 아름다움이 지리산 깊은 산 속에 맥맥히 넘쳐 흐르는 느낌'을 제대로 느껴보고 싶다면 조금 부지런을 떨어야 한다. 사람들의 발걸음이 잦아든 이른 새벽이면 더할 나위 없이 좋겠다.

화엄사가 여느 사찰과 구별되는 몇 가지가 있는데 보통의 사찰들이 일주문에서 대웅전까지 일직선으로 연결되는 가람 배치를 하고 있는데 비해 화엄사는 모든 건축물이 태극 형상을 이루고 있다고 한다. 태극형상을 직접 확인할 순 없었지만 문외한인 나도 확실히 다른 절과는 다른 독특한 구조임은 느낄 수가 있었다. 그 독특한 구조 덕분에 위압감이 아닌 정겨움을 느낄 수 있었던 게 아닌가 그런 생각도 든다.

일주문과 천왕문을 지나 대웅전에 이르기 전에 보제루를 만나게 된다. 보통은 이 누각의 아래를 통과해서 대웅전에 다다르게 되는데 화엄사의 보제루는 누각 1층의 기둥높이를 낮게 만들어 놓은 탓에 통과할 수는 없고 옆으로 돌아가야 한다. 이 또한 화엄사가 여타 사찰과 다른 점이라 할 수 있겠다.

보제루를 돌아 오르면 드디어 화엄사의 본당인 대웅전과 각황전 등을 마주할 수 있다. 계단 위 높은 곳에 자리해 있는 데다 각황전은 밖에서 볼 때는 2층 형태의 위풍당당한 모습이다. 주위에 명부전, 영전, 원통전 등의 전각이 들어서 있고, 석탑과 석등들이 그 여백을 채워준다. 그 넓은 마당에 섰을 때 나도 모르게 탄성이 절로 새어 나왔다.

각황전은 국보 제67호로 지정되어 있는데 외부에서 볼 때는 2층 형태로 되어 있지만, 안에서 보면 단층 구조이다. 목조건축물 가운데에서 국내 최대규모라 한다. 그 규모에 놀라고, 빛바랜 채로 천년의 세월을 간직하고 있는 단청에 또 한 번 놀라게 된다. 내가 다녀봤던 수많은 사찰들이 정비整備, 복원復原의 이름으로 새 단장을 하는 모습을 많이 봤었는데 이곳은 그냥 그 모습 그대로라서 좋았다.

각황전覺皇殿 앞에는 그 위용에 걸맞는 높이 6m가 넘는 석등이 자리 잡고 있는데, 이 석등은 국보 제12호로 지정되어 있다. 불현듯 이 석등에 과거 불이 켜져 있던 모습은 어땠을까 상상을 해보게 된다. 은은하게 새어나온 불빛이 화엄사의 중심인 각황전을 환히 비춰주고 있었을 듯하다. 화엄사의 밤 풍경이 새삼 궁금해진다.

각황전 옆으로 난 108개의 계단을 따로 올라가면 또 하나의 국보 문화재를 만날 수 있다. 국보 제35호인 화엄사 사사자삼층석탑이 바로 그것이다. 화엄사를 창건한 연기조사가 어머니의 명복을 빌기 위해 세운 탑이라는 전설이 있다. 경주 불국사의 다보탑과 어깨를 나란히 한다고 한다. 사면에 세워진 네 마리의 사자 머리 위로 삼층짜리 석탑이 올려져 있는 독특한 형태다.

몰랐던 사실인데 이곳 화엄사가 한국전쟁 때 소실될 뻔한 위기가 있었다고 한다. 한국전쟁이 한창이던 1951년 5월 빨치산 토벌대장을 맡고 있던 차일혁 총경에게 구례 화엄사를 소각하라는 명령이 떨어졌다. 신록이 우거지는 봄철이 되면 사찰이 빨치산의 본거지가 될 수 있다는 이유에서였다.

차 총경은 "절을 태우는 데는 반나절이면 족하지만, 절을 세우는 데는 천년도 부족하다"면서 대웅전 등의 문짝만 떼어내 소각하라는 지시를 내렸다고 한다. 이것만으로도 빨치산을 감시하는 데 충분하다는 판단에서였다. 이 일로 차 총경은 감봉처분 등을 받았지만 천년고찰 화엄사를 지켜낸 공로로 1998년 화엄사에서 공적비를 세운데 이어, 2008년에는 문화재청에서 그의 아들에게 감사장을 전달했다는 훈훈한 이야기다.

이데올로기의 대립 속에서 자칫 소중한 문화유산이 한 줌 재로 사라질 뻔 했다고 하니 다시 한 번 질곡^{桎梏}의 우리 현대사를 생각해 보게 한다. 전쟁 상황에서 상부의 명령을 어겨 가며 화엄사를 지켜낸 차 총경의 용기도 가상하거니와 또 그런 명령을 내릴 수밖에 없었던 상황도 이해되지 않는 건 아니다. 그 치열했던 이념 대립은 많이 완화되었다고는 하지만 지금도 여전히 현재진행형인 것 같아 안타까운 마음이 든다.

마루에 한참을 앉아 화엄사를 마음에 담아보려 노력했다. 이리도 웅장하면서도 아름답고 단아한 느낌이 드는 절이 또 있을까. 입구에는 교량공사가 한창이고, 일주문을 들어서는 쪽에는 건물 여러 채가 새로 지어지는 모양이라 조금 어수선하다. 시간이 조금 더 흘러 준다면 온전히 고요하고 청순한 화엄사의 아름다움을 되찾을 수 있을 거란 기대를 안고 절을 내려온다. 🧧

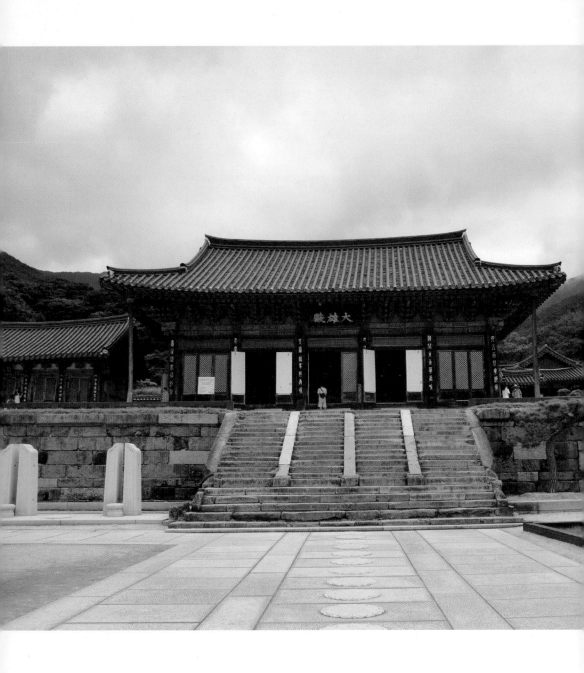

풍경을
그 리 다

사찰여행 42
유철상 지음 / 상상출판 / 2010년 7월

까닭 모를 절에 대한 이끌림으로 선택한 책이다. 올해 초 소설가 정찬주가 남도의 작은 절 마흔세 곳을 소개한 '절은 절하는 곳이 다'란 책을 재미있게 읽었던 적이 있는데 이 책은 나를 위한 여행 테라피라는 부제로 나의 호기심을 자극했다. 이 책은 지은이 유 철상이 10년간 다녀본 절집 가운데 마흔두 곳을 소개해 놓았다.

여행전문기자라는 지은이의 전력이 책 곳곳에 그 흔적을 남기고 있다. 이 책에 소개되어 있는 42곳의 사찰들은 대부분이 일반인 들에게도 꽤나 많이 알려진 명찰들이다. 제일 먼저 차례를 펴보 니 마음, 휴식, 수행, 인연, 여행의 다섯 편으로 이어진 사찰들 중에서 나의 발길이 닿은 곳도 꽤 되었다.

화엄사 4사자 3층석탑 각황전 뒷산을 조금 걸어 오르면 화엄사가 숨겨 놓은 보물인 4사자 3층석탑을 만날 수 있다. 사자들이 에워싼 가운데 합장한 채 서 있는 스님상이 있는데 이는 화엄사를 창건한 연기조사의 어머니라고 전해지며, 이 탑에서 연기조사의 지극한 효성을 엿볼 수 있다.

아직 가 보지 못한 열세 곳의 절집에 먼저 눈길이 갔다. 책의 순서를 무시하고 우선은 발길이 닿지 않은 미답의 사찰들에 대한 호기심으로 사진과 글들을 찬찬히 읽어봤다. 여행전문기자의 글답게 책의 내용은 특정된 절 하나에 국한되지 않고 그 절이 위치한 지역의 명소들과 음식들에 대해서도 친절히 소개하고 있다.

물론 호불호가 갈릴 것 같다. 나처럼 그저 절 하나에 대한 구체적이고 세세한 설명을 원하는 사람들에게는 적합하지 않다는 생각이 들 테고, 그 절을 둘러싼 지역에 대해서도 간략한 여행정보를 원하는 사람들에게는 꽤 좋은 선택이 될 수 있을 것이다. 책 마지막 편에는 사찰의 문화와 기본적인 예법, 그리고 템플 스테이를 운영하고 있는 전국의 사찰과 간략한 일정을 소개해 두고 있다.

절을 좋아하고 자주 찾긴 하지만 아직까지도 템플 스테이를 해 보거나, 절에서 하룻밤 머물러 보지도 않았으니 제대로 절을 안다고도, 불교에 관심이 있다고도 하기 어렵겠다. 하긴 내가 절을 좋아하는 것이 비단 불교에 대한 관심에서 기인한 것은 아닐 테지만 내가 좋아하는 대상에 대해 관심을 가지고 보다 더 많이 알아가는 것 또한 중요할 것이리라.

지금껏 내가 돌아다닌 전국의 사찰들의 수도 꽤 많을 것 같다. 그중에는 지나치게 세속화된 모습에 실망한 곳도 분명 있지만, 언제라도 시간이 된다면 다시 찾고 싶은 절집도 많았다. 언젠가는 나도 내가 다녀본 절집들을 잘 정리해서 한 권의 책으로 만들어 보고 싶다. 물론 지금도 블로그를 통해 사진과 글로 기억의 단편들을 남기고 있긴 하지만 아직은 많이 부족하다는 생각이 든다.

얼만큼의 시간이 흐르면 가능할지 알 수는 없지만 그 꿈을 이루기 위해

부단히 노력해야겠다. 난 그저 절에 갔
을 때의 그 편안함이 좋아서 절을 찾는
다. 절에 이르는 숲의 청명함, 계곡을 쉼
없이 흐르는 물소리에서 번잡함을 잊을
수 있기 때문이다. 그런 느낌을 내 사진
과 글을 통해서 다른 사람들도 느낄 수
있게 된다면 정말 좋겠다.

망양해변

많이 알려진 명소는 아니지만 동해의 푸른 바다를 여유롭게 만끽할 수 있는 곳이 있다. 말 그대로 바다 빛깔이 쪽빛이다. 물이 얼마나 맑고 푸른지 확 트여진 바다를 보면 마음까지 상쾌해지는 걸 느낄 수 있다. 경북 울진군 기성면 망양2리 7번 국도를 끼고 펼쳐진 자그마한 해변이 내 마음속 동해 바다다.

동해안 7번 국도 가운데 포항에서 울진에 이르는 구간도 지난 몇 년간 큰 변화가 있었다. 불과 십수 년 전만 해도 왕복 2차선 도로를 따라 서너 시간을 달려야 겨우 포항에서 울진에 다다를 수 있었는데 지금은 왕복 4차선 도로로 확장개통이 된 상태라 불과 2시간도 걸리지 않게 됐다. 추억의 7번 국도를 따라 오가던 이 바닷가의 모습도 바뀌어 가고 있다. 시간이 흐르면 이 2차선 도로도 사람들의 추억 속에만 남아 있게 될 것 같다.

그다지 넓지 않은 해변이다. 모래가 아주 부드러워 신발을 벗고 맨발로 걷는 감촉이 아주 좋다. 폭신폭신한 모래사장을 걷다 보면 시원한 쪽빛 동해 바다를 온몸으로 느낄 수 있다. 바지를 둥둥 걷어 올리고 잔잔한 파도가 이따금씩 포말泡沫을 일으키며 오르내리는 해안을 따라 걷는 즐거움은 이루 말할 수가 없다. 하늘이 파란 가을날이면 더더욱 멋진 해변 산책이 될 수 있겠다. 아직 걸어보진 못했지만 달빛이 은은한 밤바다도 무척 환상적이지 않을까 하는 생각이 든다.

내 마음속 동해바다 한여름 휴가철에도 찾아오는 피서객이 많지 않아 맑고 푸른 동해를 온존히 내 것으로 만끽할 수 있는 곳. 이제는 폐도가 된 국도 7호선을 따라 펼쳐진 울진군 기성면 망양해변은 영원한 내 마음속 동해바다이다. 좋은 이에게만 살짝 알려드리니 아니오신 듯 다녀가시길.

말이 나온 김에 울진 얘기를 해볼까 한다. 이 울진이라는 지역의 위치가 참 애매하다. 부산이나 대구 등 아랫동네에서 올라오기도 어중간하니 멀고, 서울이나 수도권에서 내려오기에도 부담스런 그런 곳이다. 그래서인지 밑에서 올라오는 사람들은 대부분 영덕 강구나 고래불이 북방한계선인 듯하고, 서울서 내려오는 사람들은 동해, 삼척까지가 그 심리적 마지노선인 거 같다.

물론 여름 휴가철이면 불영계곡이며 왕피천이며, 울진지역의 여러 해수욕장들도 수많은 인파가 몰리긴 하지만 아무래도 다른 지역에 비해선 상대적으로 적다고 볼 수밖에 없다. 사실 울진만큼 모든 것을 완벽하게 갖춘 휴양도시도 많지 않다. 산이면 산, 강이면 강, 바다면 바다, 뭐 하나 빠질 게 없다.

우리나라 최대의 금강소나무 군락지를 보유하고 있을 만큼 울창한 산림에다 생태·경관보전지역을 흐르는 맑고 깨끗한 왕피천, 그리고 청정 동해는 울진이 자랑하는 보물이다. 여기에 백암온천과 덕구온천이라는 좋은 휴양지에다 관동팔경關東八景의 하나인 월송정, 망양정 등 많은 문화재도 보유하고 있다. 여유를 갖고 며칠 머무르면서 관광도 하고 휴양도 할 수 있는 최적의 환경을 갖추고 있다.

예전에도 울진은 이런저런 일로 가끔 들렀었지만 길다면 길고, 짧다면 짧았던 8개월간의 울진생활을 통해 애착이 더욱 깊어진 것 같다. 그 시간동안 함께 했던 풍경들, 사람들과의 좋은 추억 때문일 거다. 혹시라도 볼거리, 먹거리 많은 울진에 가게 된다면 기성면 망양 바닷가도 꼭 한번 맨발로 걸어보고 돌아오길. 🥀

당신에게, 여행
최갑수 지음 / 꿈의지도 / 2012년 7월

나온다는 얘기도 없더니 어느새 최갑수의 새 책이 출간되었다. '당신에게, 여행'이라는 다소 낭만적인 제목을 달고 나온 이 책에는 최갑수가 다녀온 여행지 아흔아홉 곳이 소개되어 있다. 세상은 넓고 좋은 곳도 많겠지만 많고 많은 장소 중에 한 권의 책으로 엮어내기에 충분할 만큼 매력적인 곳이란 생각이 든다.

사진을 찍기 시작하면서 시간 날 때마다 이곳저곳을 돌아다닌 덕분에 책 속의 풍경 속에 나의 발자국들도 많이 남아 있다. 같은 풍경을 보더라도 각자의 기억에 남아 있는 느낌은 다 다를 것이다. 사진 몇 장을 통해 최갑수의 마음을 미루어 짐작해 본다. 수십 수백의 사진 중에서 하필이면 이 사진들은 골랐을까를 생각해 본다. 그 여행지에 가장 잘 어울리는 사진을 선택하는 것도 행복한 고민이었을 것 같다.

이 책은 여행을 통해 위안을 얻고, 그 느낌을 사진과 글로 표현해 왔던 최갑수의 추천 여행지쯤으로 여겨도 좋겠다. 그도 그럴 의도였는지 각각의 여행지 소개 글 말미에는 언제 이곳을 가면 좋을지, 어디에서 자고 무얼 먹으면 좋을지에 대한 짤막한 글을 남겨두는 친절을 마다하지 않았다.

물론 각각의 장소에 어울리는 때가 따로 있기는 하다. 장성 백양사는 애기 단풍이 곱게 물드는 10월 무렵이 좋을 것이고, 영랑생가나 백련사에는 동백꽃이 두둑 떨어지는 4월이, 안면도의 꽃지 해변은 붉은 낙조가 타오르는 한여름이 좋을 거다. 특히나 누군가에게 내세울만한 사진 한 장 남기고 싶은 사람들에겐 그 '때'를 잘 맞춰 가는 것이 중요한 일이다.

하지만 여행에 따로 때가 있지는 않은 것 같다. 떠나고 싶을 때, 아니면 떠나지 않으면 견딜 수 없을 것 같은 때가 바로 그때다. 굳이 이 책에 소개되어 있는 명소가 아니어도 좋다. 그곳이 어디든 지친 마음이 쉴 수 있고, 가라앉은 내가 다시 떠오를 수 있는 잠깐 동안의 위안과 감동이 있는 곳은 멀리에 있는 것이 아니니까.

절반 정도는 이미 다녀온 곳이고, 나머지는 앞으로 가봐야 할 곳들이다. 어디를 가 볼까 하는 고민이 이 책 한 권으로 줄어들 수 있어서 좋다. 같은 길을 걷게 되겠지만 아마 그 느낌은 다를 것이고, 사진에 담겨지는 풍경 또한 같지 않을 것임을 안다. 그래도 상관없다. 최갑수가 얘기하듯 "모든 순간이 여행이며, 우리의 모든 추억은 찬란"할 것이기에.

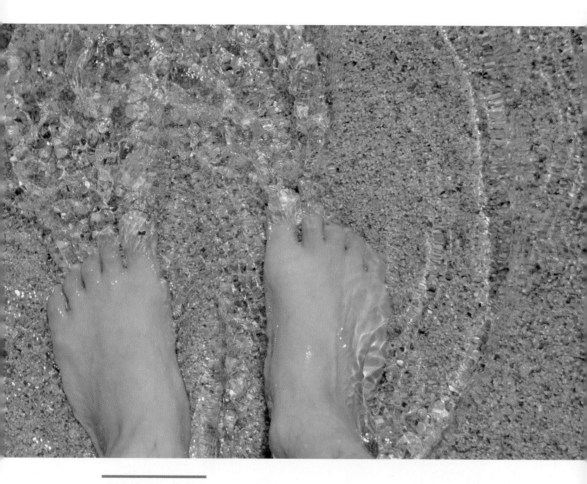

망양해변을 제대로 즐기는 법 망양해변에 왔다면 그저 멀찍이서 바다만 보고, 파도소리만 듣고 돌아가지 말길 바란다. 신발을 벗고 맨발인채로 바다로 들어가 보라. 고운 모래가 발가락을 간질이는 느낌이 어떤지, 맑은 물 속에서 내 발이 얼마나 못생겼는 지도 자세히 살펴볼 수 있다.

청암사 青巖寺

김천에 있는 작은 절이라고 청암사를 소개했다가 아차 싶었다. 수많은 말
사를 거느린 조계종 본사는 아니지만 청암사 자체는 결코 규모가 작은 절
이 아니다. 대웅전, 진영각, 육화료, 정법루, 극락전, 보광전 등 이름난 당
우만 해도 여러 채요, 입구에서부터 경내에 다다르기 위해서는 시원스런
계곡을 낀 숲길을 한참 걸어야 한다.

왜 청암사를 떠올리면서 '작은 절'이라는 생각을 했을까 나도 무척 궁금
하다. 곰곰히 생각해 보니 절이 가진 독특한 분위기 때문이 아닐까 싶다.
청암사는 비구니 스님들이 수행하는 도량道場이다. 그래서인지 많은 당우
들이 자리 잡고 있지만 결코 위압스럽지가 않고 부드럽고 포근하다. 잘 정
돈된 정갈한 아기자기함이 그런 착각을 불러온 게 아닐까 혼자 결론을 내
려 봤다.

청암사가 좋은 이유가 몇 가지 있다. 몇 해 전 어느 봄날에 마치 운명처럼
청암사를 만났던 때가 떠오른다. 대웅전과 육화료가 훤히 보이는 계곡 너
머 범종각 앞에 한참을 앉아 있던, 그날의 서늘하면서도 따뜻했던 느낌
이 청암사를 생각하면 마치 '파블로프의 개'처럼 마음에 그려진다. 쉼 없
이 흐르는 계곡의 물소리에 잡된 생각들이 모두 씻겨 나가는 기분이었다
고 할까.

청암사 초입의 계곡 청암사에 갈 때는 입구에 차를 두고 가는 편이 좋다. 스님들의 수행을 위해서라기 보단 함께 살고 있는 온갖 짐승들이 차소리에 놀라지 않게 하려는 따뜻한 배려다. 쉼없이 흐르는 물소리가 차소리에 묻히지 않길 바래서다.

풍 경 을
그 리 다

또 하나, 입구에 차를 대고 일주문에 이르는 아름다운 숲길도 빼놓을 수 없다. 오르내림이 거의 없는 길이 시원스런 계곡을 따라 이어진다. 사시사철 푸른 숲이 내어주는 상쾌한 공기를 마시며 숲길을 걷는 즐거움을 그 무엇과 비교할 수 있을까. 하늘을 향해 곧게 뻗어있는 소나무들의 자태가 아름답다. 이루 형언할 수 없는 상쾌함이 폐부 깊숙한 곳에서 느껴진다.

청암사는 크게 두 개의 구역으로 나뉘어져 있다. 극락전과 보광전이 있는 계곡 위쪽과 대웅전과 진영각, 육화료 등 대부분의 당우들이 몰려있는 아래쪽으로 대별할 수 있겠다. 고풍 창연한 느낌의 극락전을 둘러싸고 있는 돌담이 정겹다. 화려하게 칠해진 단청보다 아무것도 칠하지 않아 나무의 느낌이 제대로 살아나는 극락전의 낡은 모습이 더욱 좋다.

자세히 보면 못 보던 것들이 보이는 가 보다. 극락전에 새겨져 있는 문양이 독특하다. 도깨비 모양이라고 해야 할지 정확하게 설명할 수는 없지만 여느 사찰에서 쉽게 보기 힘든 것임은 분명하다. 극락전도 그렇고 육화료도 마찬가지인데 청암사의 건물들은 절집이라기보단 오래된 사대부 집처럼 느껴진다.

대웅전 앞 다층석탑의 모양도 이채롭다. 원래 이 석탑은 성주의 한 논바닥에 있던 것을 이곳으로 옮겨온 것이라고 한다. 흡사 천불천탑의 절 운주사에서 만났던 탑들을 보는 듯한 착각이 들 정도다. 절에서 흔히 볼 수 있는 삼층석탑의 모양과 비교해 보면 안정감이 떨어져 보인다. 아래쪽 기단이 좁아서 그런지 좀 위태로와 보이기도 하는데 그 모양이 헛된 욕망을 좇아 늘 번민으로 위태로운 중생들의 마음을 닮지 않았나 하는 생각을 해봤다.

청암사는 푸른 바위라는 뜻을 가졌다. 그 이름의 연유에 대해서는 공식적인 설명이 없다. 근처에 푸른 이끼가 낀 바위가 있어서였을까, 아니면 뭔가 흥미진진한 전설이 전해져 내려오는 것인지 알 도리는 없지만 대웅전과 보광전 지붕의 기와가 특이하게 청기와로 이어진 것 또한 뭔가 연관이 있는 게 아닐까 하는 생각은 매번 청암사를 찾을 때마다 해보게 된다.

대웅전 마당에서는 바람에 이리저리 흔들리는 풍경風聲소리와 스님의 독경讀經소리에 흠뻑 빠져있다. 계곡 옆 범종각 앞에 앉아서는 계곡을 바라보며 무념무상으로 몇 시간을 보냈다. 아무것도 하지 않고, 아무것도 생각하지 않는 순간의 행복이 바로 이런 것이리라. 머리를 깎고 영원히 이곳에 머무르고 싶을 정도로 아찔한 순간이었다.

그 오랜 시간 동안 꽤 많은 신도들이 들어왔다 나감을 반복했고, 스님들은 점심 공양을 위해 육화료를 가득 채웠다가 이내 흩어졌다. 계곡의 물은 쉼 없이 흘렀고 바람은 불었다 그치기를 반복했다. 그 시간동안 내 마음속 욕망들은 연기처럼 쉼 없이 피어올랐다가 또 사그라지기를 거듭했다. 그 속에 나는 있었고, 또한 나는 없었다. 🐢

육화료에서 바라본 청암사 조계종 제8교구 본사인 직지사의 말사라고는 하지만 청암사 역시 수도암과 백련암이란 암자를 거느리고 있을 정도로 큰 규모의 사찰이다. 계곡을 사이에 두고 북쪽 자리에 대웅전과 육화료 등 대부분의 당우들이 모여 있는데 절집이라기 보다는 기품있는 사대부 집처럼 느껴진다.

멈추면, 비로소 보이는 것들
혜민(慧敏) 지음, 이영철 그림 / 쌤앤파커스 / 2012년 1월

생전 처음 듣는 지혜의 말은 아니건만 절로 고개를 끄덕이며 공감하게 된다. 하버드 대학 재학 중에 출가해서 스님이자 대학교수라는 특이한 삶을 살고 있는 혜민 스님의 인생 잠언집에는 관계에 대해, 사랑에 대해, 마음과 인생에 대해, 머리로는 알지만 마음으론 안되는 것들에 대한 따뜻한 가르침과 위로가 담겨 있다.

세상을 제대로 사는 것은 참 쉽지가 않다. 제대로 산다는 것은 젖혀두고, 평온한 마음으로 하루하루 살아가는 것조차도 뜻대로 되지 않는다. 그래서 사람들은 이름난 종교 지도자의 이야기를 통해, 경험 많은 인생 선배의 충고를 통해 짙은 안개 속을 걸어가는 듯한 불안감을 덜어내려고 애쓴다.

하지만 그 어떤 이야기 속에도 특별한 것은 없다. 평범함 속에 진리가 있는 것처럼 마음을 다스리는 방법 또한 저 멀리에 있는 것은 아니다. 혜민 스님은 멈추면 비로소 보인다고 했다. 내 생각이, 내 아픔이, 내 관계가 멈추면서 그것들로부터 한 발짝 떨어져 나오기 때문에 그것들에 휩쓸려 살아야 했던 평소보다 더 선명하게 잘 보인다 했다.

잠시 나에게서 벗어나, 내 속에서 빠져나와 나를 바라보는 시간이 필요한 것 같다. 최대한 나를, 나의 마음을 객관적으로 바라보려는 노력이 필요한 것 같다. 태초의 고요로 마음 안을 들여다보며 침묵 속에서 모든 생각이나 상^想을 다 내려놓는 지혜를 배워야겠다. 그래서 마음에 휩쓸리는 것이 아니라 비로소 마음의 주인이 되는 그 경지에 오를 수 있다면 좋겠다.

'멈추면, 비로소 보이는 것들'은 읽기에 참 편하게 쓰여져 있는 책이다. 알 듯 말 듯 선문답^{禪門答}과 같은 어려운 얘기들로 사람들을 헷갈리게 하지도 않는다. 누구나 쉽게 이해할 수 있는 쉬운 이야기 속에 바로 삶의 지혜가 묻어나오는 것이다. 혜민 스님의 조용한 가르침대로만 살 수 있다면 순간순간 더 많이 사랑하고, 그래서 더 많이 행복할 수 있을 것이다.

책 군데군데에 있는 우창헌 작가의 유화들에서도 우리는 위로를 받을 수 있다. 밤하늘에서 총총히 빛나는 별, 호수의 반영^{反影}, 푸른 초원에 화사하게 피어나 있는 아름다운 꽃들, 따뜻하게 안고 있는 사람을 바라보고 있노라면 마음이 절로 따뜻해지는 듯하다. 어딘가로 이어져 있을 그림 속 길을 따라 끝없이 걸어보고 싶어진다.

모든 것은 결국 내 마음 탓이다. 다른 사람 때문에, 세상 때문에 내가 아픈 것이 아니라, 나 때문에 세상이 아프게 느껴지는 것일 테니. 책을 읽고 또 읽어본다. 잠시라도 잡다한 번뇌^{煩惱}에서 벗어나 마음을 쉬고 그저 좋은 이야기, 따뜻한 그림에만 마음을 집중해 본다. 그렇게 마음을 멈추면 그동안 놓치고 살았던 소중한 것들이 비로소 보이게 되리라.

동피랑 마을

동피랑 마을에 관한 이야기는 많이 들었었다. 동네 전체가 아름다운 벽화로 그려진 동화 같은 마을이라고들 얘기한다. 전국에서 수많은 사람들이 이 아름다운 마을을 보기 위해 먼 길을 마다않고 달려온다. 그런데 이 동피랑 마을이 몇 해 전에 철거될 위기에 처했었고, 그 위기를 넘기고 지금과 같은 명소가 된 것이 다 그 '벽화' 덕분이라는 걸 정확히 아는 사람은 많지 않은 것 같다.

동피랑은 동쪽 벼랑이란 뜻이라 한다. 동피랑 마을은 통영시의 대표적인 어시장인 중앙시장의 뒤편 언덕에 위치해 있다. 통영시에서는 이 자리가 원래 조선시대 이순신 장군이 설치했던 통제영統制營의 동파루가 있던 곳이었기 때문에 낙후된 지역인 이 마을을 철거하고 동파루를 복원해 주변을 공원으로 조성할 계획을 세웠다.

당초 계획대로 마을이 철거되었다면 아마도 지금 이 자리에는 깔끔하게 잘 가꿔진 공원이 들어서 있을 것이다. 바로 아래 항구가 훤히 내려다보이는 전망 좋은 곳이라 아마도 많은 관광객이 찾고 있을지도 모를 일이다. 하지만 이 계획이 알려지자 한 시민단체에서 이 마을을 지키기 위해 전국벽화공모전을 열었고, 이 대회에 전국의 미술대학 학생 등이 참가해 마을의 담벼락에 형형색색의 벽화들을 그려넣기 시작했던 것이다.

벽화 소문이 나기 시작하자 전국에서 많은 사람들이 이곳을 찾기 시작했고, 또 이 마을이 철거될 위기에 빠져 있다는 것이 알려지면서 이 마을과 벽화를 지켜야 한다는 여론이 비등沸騰하기 시작했다. 결국 통영시는 마을 철거 계획을 철회하고 마을 정상에 있는 가옥 세 채만 철거한 후 그 자리에 동파루를 복원하는 것으로 방향을 선회하게 된다.

동피랑 마을의 골목 전혀 새로울 것도 없고, 이채롭지도 않은 풍경에서 아름다움을 찾아내고, 만들어내고 싶다. 얼마의 시간이 지나면 또 사라져버릴 지도 모를 그 골목 모퉁이를 돌아서면 너를 만나게 될 지도 모를 행운을 기대하면서.

놀라운 일이다. 시민의 힘으로 그 거대한 파괴破壞를 막아냈다는 자체가 그야말로 드라마틱한 상황이라 하지 않을 수 없다. 꼬불꼬불 좁다란 골목 길을 따라 마을 입구에서 꼭대기까지를 한 바퀴 돌아보는 내내 그 수많은 벽화들이 그 큰 역할을 했다는 것을 알고 나서는 벽화들이 단순한 그림으로만 여겨지지가 않았다.

각지에서 수많은 사람들이 동피랑 마을을 찾다 보니 마을 사람들에겐 좋은 일만 있는 것 아닌 것 같다. 좋기는커녕 성가신 일이 오히려 더 많을 수도 있을 것이다. 그래서인지 동피랑 마을의 벽화 골목을 따라 조금만 올라가다 보면 '부탁의 말씀'이라는 안내 문구를 만나게 된다. 그동안 주민들이 느꼈을 불편들이 고스란히 느껴져 잠시 머물다가는 이방인의 마음이 편치만은 않았다.

주민들의 생활에 피해가 생기지 않도록 집안을 기웃거리거나 지붕에 올라가거나 하지 말아 달라는 부탁이고, 무턱대고 주민들에게 카메라를 들이대지 말아 달라는 부탁이다. 모두가 다 당연한 얘기들이다. 그런데도 아직은 상식常識이 통하지 않는 일도 많은가 보다. 이곳은 이름난 관광명소이기 전에 수많은 주민들의 삶의 터전인 만큼 타인의 삶에 대한 호기심을 잠시 내려놓는 게 좋겠다.

이 동피랑 마을의 담벼락에 그려져 있는 벽화는 주기적으로 교체된다고 한다. 시간이 흘러 이곳을 다시 찾아왔을 때 마음에 드는 벽화가 사라져버렸다면 그것 또한 아쉬운 일이겠지만, 새로운 벽화들로 채워지는 동피랑 마을을 마치 처음 온 것처럼 호기심 어린 눈으로 둘러보는 것도 충분히 흥미롭겠다. 🐾

| 풍 경 을
그 리 다

이 길 끝에 네가 서 있다면 좋을 텐데
최갑수 글. 사진 / 달 / 2010년 6월

정말 그런 생각을 해 본 적이 있다. 누군가 모질게도 그리운 바로 그 사람이 지금 걷고 있는 골목 끝에 서 있다면 얼마나 좋을까 하는. 그런 마음을 담은 이 책은 여행 작가 최갑수가 전국의 골목 스물네 곳을 1년간 여행하고 난 후의 감상과 사진을 정리해 펴낸 여행 산문집이다.

나도 어느새 최갑수의 팬이 되고 말았다. 우연찮게 목요일의 루앙프라방을 읽고 난 후 이 책이 벌써 세 번째다. 불과 몇 해 전만 해도 최갑수란 이름 석 자를 전혀 알 수도 없던 내게 이건 실로 놀라운 일이 아닐 수 없다. 1년에 책 한 권 읽는 게 쉽지 않았던 내가 시간이 날 때마다 책을 펴들고 있는 내 모습에 감동하고 있다는 걸 그 사람도 알고 있을까.

골목. 어릴 적만 해도 참 친근한 공간이었다. 하루의 대부분을 보냈던 곳이 집이 아니라 골목이었을 때도 많았을 테니까. 그런데 어느 순간부터 우린 골목으로부터 멀어졌다. 하늘 높은 줄만 알고 위로 올라만 가는 고층 아파트에 살면서, 도심의 빌딩에 차를 타고 출퇴근을 하면서 우리는 가끔 마주치게 되는 골목이 생소하게 느껴지기 시작했다.

최갑수가 1년간 돌아다닌 골목들은 한결같이 좁고 누추하고 가파르다. 건축가 오영욱은 우리나라 산동네의 수많은 골목들은 그 생성 과정이 산토리니의 그것과 다르지 않음에도 불구하고 똑같은 대우를 받지 못하는 이유를 트라우마처럼 심장에 각인된 고통과 가난의 기억 때문일지도 모른다고 서평에서 밝힌 바 있다.

나 역시 그의 의견에 공감한다. 재개발이라는 이름으로 이제는 사라져버린 그 수많은 골목에는 가난과 고통스런 삶이 함께 녹아 있었음을 부인하기 어렵다. 물론 이제 얼마 남아 있지 않은 골목들도 마찬가지일 것이다. 하지만 그 골목이 언제나 고달프고 서글픈 공간만이 아닐 수 있는 것은 그 골목에 기대어 살고 있는 이웃들의 삶과 인정이 있기 때문이 아닐까 생각해 본다.

그의 글과 사진을 통해 잊고 지냈던 골목에의 추억을 다시 떠올릴 수 있어 좋았다. 그가 소개한 골목길 중 몇 곳은 이미 카메라를 들고 다녀온 곳이고 내가 어릴 적 걸어 다녔던 기억이 있는 곳이다. 똑같은 공간을 다른 시간 속에서 다른 시각으로 바라본 사진과 그 속에 담겨진 느낌을 공유할 수 있다는 게 얼마나 행복한 일이던가.

이제 주변의 골목들과 친해질 시간을 가져봐야겠다. 전혀 새로울 것이 없고, 이채롭지도 않은 풍경에서 아름다움을 찾아내고, 만들어 낼 수 있는 것이 사진을 찍는 사람의 책무라고 하니까 말이다. 얼마의 시간이 지나면 또 사라져버릴 지도 모를 그 길 끝에서 혹여 너를 만나게 될 지도 모를 행운을 기대해 보면서.

동피랑 마을의 벽화 동피랑 마을의 벽화는 주기적으로 교체가 된다고 한다. 아마 이 벽화는 지금쯤이면 사라졌을 지도 모를 일이다. 그 빈 자리를 새로운 그림이 채워주고 있을테지. 모든 것이 다 그렇다. 사람의 일도 그렇고 세상 일도 그렇더라.

구룡사 龜龍寺

가을을 참 좋아한다. 원래 태어난 달이 10월이기도 하거니와 사물을 더욱 풍성하고 돋보이게 해주는 가을빛과 서늘한 바람이 한량없이 좋기 때문이다. 마침 딱 그런 휘량輝喨한 가을날에 오래전부터 마음속에 품고 있었던 원주 구룡사를 찾았다. 가을날에는 어떤 곳을 가도 만족감을 느낄법하지만 이날 날씨는 환상적이었다라고 밖에 표현을 할 수 없겠다.

구룡사에 대해서는 그전부터 얘기를 많이 들었다. 그리 멀지도 가깝지도 않은 곳에 있지만, 그 근처를 여러 번 지나면서도 또 이상하게 나와는 인연이 닿지 않았던 것 같기도 하다. 매번 다음 기회로 미루다가 그렇게 무심한 시간만 덧없이 흘렀다. 다소 즉흥적인 선택이었지만 이 좋은 가을날에 구룡사를 가지 않았더라면 많이 후회할 뻔했다.

개인적으로는 구룡사라는 절 자체보다는 구룡사에 이르는 그 상쾌하고 서늘한 숲길이 좋은 기억으로 남아 있다. 시원스런 물소리가 들리는 계곡을 끼고 절에 이르는 그리 길지 않은 숲길에는 잘 자란 나무들이 서로 어깨동무하듯 펼쳐져 있다. 이런 좋은 숲길에 오면 늘 가슴이 탁 트이는 청량한 느낌이 들어 참 좋다. 늘 이런 곳에서 살면 그 어떤 번뇌도 사라질 것만 같은, 딱 그런 기분이다.

원주 제1경 구룡사 흔히들 치악산 구룡사를 원주의 경치 가운데 최고로 친다. 오랜 역사에 비해 당우들은 최근에 새로 지은 것들이 많고 절 경내에 커피전문점이 있다는 점도 무척 이채롭다. 고요한 산사의 느낌 보다는 활기가 넘치는 템플스테이로 유명한 절이 어울릴 것 같다.

구룡사 숲길 대부분의 산사가 그렇듯 구룡사 역시 절에 이르는 숲길이 무척 아름답다. 숲길을 따라 흐르는 맑디 맑은 계곡은 명경지수라 불릴만 하다. 절 자체보다는 이 숲길 때문에 매번 다시 구룡사를 찾게 된다.

원통문을 시작으로 절에 들어서게 된다. 일주문이라는 것이 속세와 절의 경계境界인 것인데 원통문이 서 있는 것은 그 많은 절을 다녀봐도 처음인 것 같다. 숲길은 평탄하고 흙길은 너무나 부드럽다. 의성 고운사 숲길이 바로 이런 느낌이기도 하다. 걷고 또 걷고 싶은 그런 길이다. 숲이 시원스런 그늘을 만들어 줘서 한여름에도 더울 것 같지가 않다.

아름다운 숲길을 음미하듯 걸어 오르면 구룡사 경내에 들어서게 된다. 구룡사는 생각했던 것보다는 많이 아담한 절이었다. 산자락에 위치해 있어 여타 사찰과 마찬가지로 단段을 이루어 건물들이 들어설 수밖에 없으니 아래에서 위를 보면 다소 위압적인 느낌이 들기도 하지만 대웅전 앞 보광루에 앉아 맞은편 산을 바라보는 느낌은 아주 시원스럽다.

구룡사 소개를 안 할 수가 없다. 구룡사는 행정구역상으로는 강원도 원주시 소초면 치악산 비로봉 구룡소에 있는 절로 조계종 제4교구 본사인 월정사의 말사이다. 신라시대의 고승인 의상대사가 문무왕 8년에 창건한 것으로 전해지고 있는데 절이 지어질 당시의 이름은 구룡사九龍寺였다.

아홉 마리 용에 관한 전설이 있었기 때문에 구룡사라 불리다가 조선 중기 이후 지금과 같이 거북 구자를 쓰는 구룡사龜龍寺로 바뀌었는데, 절 입구에 거북 모양의 바위가 있어 이름을 바꾸었다고 한다. 용이 아홉 마리이든, 거북과 용이 있어서든 간에 구룡사는 용을 빼고는 얘기할 수가 없겠다.

지금 남아 있는 당우는 대웅전, 보광루, 삼성각, 심검당 등으로 아담한 규모이지만 이곳도 공사가 한창인 것을 보니 또 여러 해가 지나면 지금과 다른 느낌의 절로 바뀔지도 모르겠다. 구룡사를 와서 많이 놀랐던 것이 천왕문 바로 앞 구룡사 오르는 길목에 있는 커피가게 때문이었다. 전통찻

집이야 절에서 자주 봤지만 아메리카노, 에스프레소를 파는 커피전문점
이라니.

구룡소가 치악산 오르는 길목에 아담하니 자리 잡고 있다. 물이 맑고도
무척 시원하다. 해 질 무렵 서늘한 바람이 부니 잠시 손을 담고 있기도
힘들 정도다. 구룡소의 물이 아래로 흘러 잠시 너른 계곡이 펼쳐진다. 한
여름이면 잠시 쉬면서 땀을 식혀가도 좋겠고, 가을이면 울긋불긋한 단풍
이 물들어 환상적인 풍경을 뽐낼 것 같다.

돌아내려 오기 아쉬운 마음을 뒤로 하고 다시 숲길로 들어섰다. 짧아진
해가 벌써 서산으로 넘어가고 있었다. 가을 햇볕이 무척이나 따사롭다.
아무래도 구룡사는 오후보다는 해뜨기 전 아침 일찍 도착해야 진면목을
느낄 수 있을 것 같다. 언제가 될지 모를 그날도 하늘은 파랗고 바람은
서늘한, 그렇게 휘량輝凉한 가을날이면 더욱 좋겠다. 🪷

풍 경 을
그 리 다

당신을 위한 국가는 없다
박노자 지음 / 한겨레출판 / 2012년 2월

추천사를 쓴 성공회대 김동춘 교수의 지적처럼 그의 책은 불편하다. 하물며 책 소개에서도 '박노자의 삐딱한 국가론'이라고 썼을 정도니 이건 아예 대놓고 독자들에게 도발을 하는 격이다. "이 글 읽으면 좀 불편하긴 할 텐데, 그래도 이런 불편한 진실 알고 싶지 않니?" 다르게 생각해 보자면 독자들이 책의 성향을 미리 파악할 수 있도록 일종의 친절을 베풀었다고 좋게 봐 줄 수도 있겠다.

박노자 교수는 〈당신을 위한 국가는 없다〉라는 책을 통해 대한민국이라는 아주 독특한 체제 안에서 태어나고 훈육된 이 땅의 순진한 국민들에게 당신을 위한 국가 따위는 아예 존재하지 않는다며 일침을 가하고 있다. 국가란 지배계급의 지시를 충실히 이행하는 '사무총국'에 불과하며, 힘없는 자들(외국인이든 내부의 비국민이든)을 조직적으로 대량으로 살해하는 기계라는 것이 그의 일관된 주장이다.

이런 주장이 결코 새로운 것은 아니다. 고대로부터 국가는 전쟁을 통해 그 몸통을 부풀려 왔으며 국민들을 전쟁터로 내몰았던 명분으로 사용되었던 '정의로운 전쟁'이란 것 또한 케케묵은 거짓말에 불과하다는 사실을 누군가는 역설해 왔다. 그렇다면 우리는 국가의 폭력성, 소수 지배계급을 위해서만 작동하는 국가 시스템에 정녕 무지했던 것일까?

그건 아닐 것이다. 공권력으로 표현되는 국가의 폭력성을 이미 우리는 수도 없이 목격해 왔다. 가난한 노동자들의 시위 현장에, 도시 빈민의 재개발 반대집회 현장에서도 우리는 국민의 편이 아닌 유산계급의 이익만을 대변하러 출동한 공권력의 무자비한 진압을 생생한 화면으로 볼 수 있었다.

내 일이 아니니까, 어차피 내가 당하는 것은 아니니까 그저 모른 척 눈감아 왔던 국민들에게 가장 큰 충격으로 다가온 것은 이명박 정부 출범 초기에 있었던 '용산 참사'였을 것이다. 2009년 1월 20일 새벽 서울 용산4구역 철거민대책위원회 회원들이 점거농성을 벌이고 있던 남일당 건물 옥상에 경찰이 진압에 나서며 농성자 5명과 경찰 1명이 사망하게 된 이 사건은 국가권력의 폭력성을 여과 없이 드러냈다.

물론 이 사건의 본질에 대해서는 갑론을박이 있을 수 있다. 한쪽의 주장처럼 철거민들이 '한몫' 잡기 위해 과도한 요구를 해서 사태를 악화시킨 것일 수도 있다. 하지만 중요한 것은 경찰의 진입이 어떠한 비극적 결과를 빚을 것인가 하는 것이 명약관화^{明若觀火}한 극렬한 대치 상황에서도 국가권력의 선택은 다수의 힘없고 가난한 국민 편이 아니었다는 것이다.

국민들을 충격과 분노로 몰아넣었던 이 사건의 수사를 맡은 검찰은 경찰에 대해서는 형사 책임을 전혀 묻지 않고 농성자와 용역업체 직원들만 기소하면서 사건을 마무리했다. 이것은 국민의 상식적 법 감정을 뛰어넘은 것이었고 결과적으로 국민들에게 나 또한 국가권력의 어처구니없는 피해자가 될 수도 있다는 엄연한 현실을 직시토록 해줬다.

이 책은 국가에 의한 살인은 어떻게 저질러지고 은폐隱蔽되는가를 시작으로 끊임없는 전쟁에 의해 유지되는 자본주의의 실체, 전쟁터에 신자들을 총알받이로 내모는 종교는 물론, 교육과 언론이 만든 이데올로기에 의해 길들여지는 국민에 이르기까지 부조리한 현실을 날카롭게 비판하고 있다.

국가가 당신을 보호해 줄 수 있는가? 박노자 교수가 독자들을 향해 던지는 질문이다. 국가는 그리 정의롭지도 않고, 국민들에게 폭력을 가르치고 심지어 행사까지 하는 존재임에도 국가에 대한 일말의 기대를 거두지 못하고 있는 보통의 국민들인 우리의 이중적인 모습을 직시케 한다.

물론 현실 인식에 있어서 괴리는 존재할 것이다. 뿌리 깊은 유교적 전통에 식민시대와 동족상잔의 비극까지 스펙타클하게 겪은 대한민국 국민과 소련에서 태어나 구미 문화권의 영향을 받으며 성장한 박노자 교수가 바라보는 국가가 같을 수는 없다. 그의 뻬딱한 국가론이 다소 지나치다고 느껴질 수도 있는 까닭이다.

하지만 중요한 것은 있는 그대로의 현실을 냉철하게 바라볼 수 있는 능력이다. 누군가에 의해 조작되고 왜곡된 정보를 지금껏 진실이라고 믿어왔고, 그런 방식으로 훈육訓育되어 온 우리의 지식 체계에 의문을 던질 필요가 있다. 그런 면에서 23년간 스웨덴 총리로 재임하면서 스웨덴을 세계

최고의 복지국가로 만들어 낸 타게 에를란데르의 국가관은 시사하는 바
가 크다. 우리는 지금 좋은 집에서 살고 있는 것일까.

"국가는
모든 국민들을 위한 좋은 집이 되어야 한다.
그 집에서는
누구든 특권의식을 느끼지 않으며
누구도 소외되지 않는다."

초간정 草澗亭

예천에 이런 멋진 정자가 있는 줄은 알지도 못했다. 하지만 마치 알고 찾아간 것처럼 도로 옆 개울가에 세워져 있는 건물을 발견하곤 무작정 차를 세웠다. 원래는 예천 용문사란 곳을 가던 길이었다. 어떻게 그 작은 정자가 빠르게 달리던 차에서 눈에 띄었는지 알 수 없는 일이다. 다 만나게 될 인연이었으니 그리된 것이겠지.

작은 개울가의 가파른 암벽 위에 위태롭게 서 있는 초간정의 모습은 독특했다. 그래서 이목을 사로잡았나 보다. 아래로 좀 더 내려가 초간정의 모습을 가까이서 보고 싶었지만 개울 아래로 내려가는 길은 없었다. 주변도 그다지 깔끔하게 정돈된 모습은 아니라서 아쉬웠다.

보통은 그저 멀리서 한번 보고 사진 몇 장 찍고서는 발걸음을 돌리게 마련인데 이상하게 초간정은 그 안으로 들어가 보고 싶다는 생각이 들었다. 근처에 있는 작은 다리를 건너 초간정 앞에 다다랐지만 출입문이 굳게 잠겨 있었다. 아쉽지만 문이 잠겨있는데 어쩔 도리가 없다 싶어 발걸음을 되돌리려는데 초간정 옆의 민박집이 눈에 들어왔다.

예천 초간정사 우리나라 최초의 백과사전인 대동운부군옥大東韻府群玉을 저술한 조선 중기의 학자 초간草澗 권문해權文海가 지은 정자이다. 임진왜란과 병자호란을 겪으며 정자의 현판을 잃고 근심하던 종손宗孫이 오색영롱한 무지개가 떠오른 정자 앞 늪을 파보았더니 현판이 나왔다는 이야기가 전해진다.

여기 말을 해보면 뭔가 방법이 있지 않을까? 뭔가에 이끌리듯 집 안으로 들어가 아주머니를 찾았다. 무슨 일이냐 길래 초간정 안엘 들어가 볼 수 있는지 여쭤봤다. 아주머니는 대답을 않은 채 열쇠를 가지고 나와 문을 열어주신다. 좀 귀찮기도 하셨겠지만 경상도 식의 친절을 베풀어주신 셈이다.

덕분에 초간정 구석구석을 잘 돌아보고 나올 수 있었다. 누각에 잠시 앉아 있으니 바로 옆을 흐르는 개울의 물소리가 시원스럽게 느껴진다. 조선시대 양반이라도 된 양 시라도 한수 읊고 싶은 마음이 들 정도다. 우리 조상들은 어찌 이리도 경치 좋은 곳마다 이런 정자들을 세웠는지 신기한 일이다.

개울가를 따라 솟아있는 바위 위에 주위의 자연석을 쌓아올린 모습은 볼 때마다 감동을 안겨준다. 우리네 조상들도 보는 눈은 똑같아서 풍광이 뛰어난 곳에는 어김없이 정자와 누각들을 세웠지만 지금처럼 다 깎아내고 베어내는 무자비함은 항시 경계했던 것 같다. 또한 잠시 머물러 쉬어갈 뿐, 그 누구도 이 경치를 온전히 내 것으로 소유하고자 했던 이도 없었다.

정면 3칸, 측면 2칸의 겹처마 팔각집 형태인데 정면 3칸 중 앞면의 좌측 2칸에는 온돌을 배치하였고, 나머지 칸에는 마루를 설치했는데 이 마루에서 앞의 개울을 볼 수 있게 배치해 놓았다. 실제로 이곳 온돌방에 불을 지펴 하룻밤 잠을 청해 보고 싶은 생각이 들었다. 조선시대에 태어났다면 난 이 정자에 앉아서 술잔을 기울이며 시를 읊고 있었을지, 아니면 온돌에 불을 지피고 있었을지 사뭇 궁금해진다.

초간정의 계자난간 우리 선조들은 풍광 좋은 곳을 찾아 정자를 지었지만 함부로 자연에 손을 대지는 않았다. 자연 속에 또 하나의 자연스런 풍경으로 건물을 만들어 놓은 것이다. 초간정 역시 작은 계곡을 내려다 볼 수 있는 곳에 지어졌다. 대청마루를 넓게 깔고 계자난간으로 한껏 운치를 더했다.

이 초간정은 조선 중기의 학자 초간 권문해가 선조 15년 때에 지었으나 임진왜란 때 불타버렸고 이후 광해군 때 다시 중건했지만 이마저도 병자호란 때 소실되었다. 현재의 건물은 고종 7년 때인 1870년에 그의 후손들이 다시 세운 것이라 한다. 무려 140년이 지난 세월을 이 자리를 지키고 있었던 것이다.

비록 몇 차례의 중건과 보수를 거쳤지만 지금의 건물도 벌써 백 년이 넘는 나이를 먹었다. 모든 목조 건물이 그렇듯 사람의 온기가 사라진 집은 이내 허물어지고 쇠락해 버리고 만다. 문화재 보호도 중요하겠지만 자물쇠로 꼭꼭 잠가두는 것보다는 애정을 지닌 사람들이 기거하면서 먼지도 털어내고 식어버린 방에는 불도 지펴주는 게 좋지 않을까 하는 생각을 해보게 된다.

갑자기 차가워진 날씨 탓인지 이날따라 이 비어있는 공간이 더욱 쓸쓸하게 느껴졌다. 마룻바닥을 걸을 때면 발이 시려 옴을 느낀다. 삐걱거리는 소리는 계곡을 쉼 없이 흐르는 물소리에 이내 묻혀 버리고, 잠시 누각에 서서 생각에 잠겨 본다. 하나하나 쌓아올린 반듯한 돌담에서는 역시 사람 냄새가 나서 좋다. 모진 풍파를 견디고 지금껏 건재해 주었듯 초간정이 오랜 세월이 지난 뒤에도 여전히 지금의 모습으로 남아 떠나간 인걸人傑을 추억할 수 있게 해주었으면 좋겠다. 🌸

분합문 걸쇠 전통 건축에서 마루나 방 앞에 설치해 접어 열 수 있게 만든 문을 분합문이라고 하는데 이 문을 걸어둘 수 있는 것은 걸쇠 덕분이다. 정자나 고택, 사찰에 가면 이런 모습을 쉽게 볼 수 있다. 우리 전통건축은 이래서 과학적이고 멋스럽게 느껴진다.

딸과 떠나는 인문학 기행
이용재 지음 / 디자인하우스 / 2009년 5월

이용재라는 사람을 잘 알지는 못하지만 참 부러운 사람이다. 딸과 함께 우리 땅의 유서 깊은 아름다운 건축물들을 답사할 수 있는 호사를 누리는 이가 얼마나 될까. 함께 건축물을 보며, 그 속에 담겨진 수많은 사람, 문화, 예술, 역사에 관련된 이야기들로 잠시도 심심할 틈이 없었을 것 같다.

〈딸과 함께 떠나는 인문학 기행〉에는 제목 그대로 건축을 전공한 글쟁이인 이용재가 딸과 함께 다녀온 정자, 고택, 생가와 근·현대 건축을 사진과 함께 재미난 글로 소개해 놓고 있다. 딸과 함께 다니며 나눴던 얘기들이며, 시시콜콜한 일상을 살짝 엿보는 느낌이 들어 책 읽는 재미가 쏠쏠하다.

아름다운 우리의 고건축을 소개한 책들은 많지만 사람들을 가르치려는 느낌이 드는 딱딱한 글이 아니라서 이 책이 읽기에 참 좋다. 책에서 소개하고 있는 서른 곳의 건축물 중에서 내가 직접 다녀온 곳을 만날 때면 마치 오랜 친구를 마주하는 것처럼 반가운 마음마저 든다.

나 역시도 건축에 관심이 많아 시간이 날 때마다 카메라 하나 둘러매고 길을 떠나곤 한다. 뒤돌아보면 그 길 위에서 많은 것들을 마주쳤지만 실상 내가 보고 느낀 것이 얼마나 될까를 생각하면 부끄러울 따름이다. 유홍준 교수는 아는 만큼 보이고, 보이는 만큼 사랑하게 된다고 했는데 제대로 무언가를 알아가는 것이 쉽지 않은 일이란 것도 다시금 깨닫게 되곤 한다.

앞으로의 인문학 기행은 좀 더 깊음이 함께 깃들어야 할 것 같다. 여전히 나의 발길이 닿지 않은 곳이 부지기수다. 가서 보고 느껴야 할 곳들이 그만큼 많이 남아 있다는 얘기다. 하지만 서두르지도 말 일이다. 비록 갈 길이 멀다 해도 느린 걸음으로 부지런히 걷다 보면 어느 바닷가, 인문학 기행의 끝에 당도할 것이니.

경기전·전동성당·풍남문

도시마다 느껴지는 독특한 이미지가 있다. 전주는 뭐랄까 소박하면서도 기품이 느껴지는 전통의 아름다움을 많이 간직하고 있는 곳이 아닌가 하는 생각이 든다. 물론 전주비빔밥이라는 먹을거리도 유명하지만 역시 전주의 상징은 700여 채의 한옥이 고스란히 원형의 모습을 보존하고 있는 우리나라 최대의 한옥마을이라 할 수 있겠다.

이 한옥마을의 상징과 같은 곳이 바로 경기전이다. 경기전은 전북 전주시 완산구 풍남동에 위치하고 있는 조선시대의 전각으로 사적 제339호로 지정되어 있다. 태종 11년에 전주, 경주, 평양에 조선왕조의 시조인 태조 이성계의 어진을 모시고 제사를 지내기 위한 전각을 세웠었는데 원래 이름은 어용전 이었다 한다.

이후 세종 때 전주이씨의 본관인 전주를 왕조의 발상지라 여겨 이곳에 세워진 전각의 이름을 경기전慶基殿으로 부르기 시작했으며 이후 정유재란 때 불탔던 것을 광해군 때 중건한 것으로 전해진다. 정면에 서면 진입을 금하는 신도神道 표시가 있고, 정전을 따라 조선시대 여러 왕들의 어진이 모셔져 있다. 국사책에서만 보아 오던 태조 이성계, 태종, 세종, 정조에 이르기까지 조선시대의 이름난 제왕들의 모습을 다 볼 수 있다.

전주의 상징 경기전 조선왕조의 뿌리와도 같은 전주에 조선을 건국한 태조 이성계의 어진을 모셔 놓은 것은 당연한 일이다. 그 상징적 가치에 비해 규모가 크지 않아 의아스러웠었는데 일제시대에 일본인 소학교를 짓느라 절반 정도가 훼손되었다고 하니 여기에도 아픈 역사의 흔적이 남아 있다.

경기전을 찾았던 날은 찬바람이 옷깃을 여미게 하는 날씨였다. 게다가 며칠 전에 눈이 내려서인지 바닥이 너무 질어 걸어 다니기 쉽지 않았다. 기대와 다른 모습에 실망이 컸었지만 지금도 기억에 남아 있는 인상적인 풍경이 있다면 바로 경기전에서 바라본 전동성당의 모습이다.

우리나라 전통의 한옥마을과 어울리지 않을 것 같은 서양식 건물인 전동성당이 이처럼 절묘하게 조화를 이루리라고는 생각하지 못했었다. 부드러운 한옥의 곡선과 하늘을 향해 우뚝 솟아오른 직선이 대조를 이루면서도 또 한편으로 서로의 모습에 잘 녹아들어 있는 것 같아서 참 보기 좋았다. 한기 때문인지 사람의 체온이 더 그리워지는 날이었다. 그래서인지 마루에 모여앉아서 따뜻한 햇살을 쬐고 계시는 어르신들의 모습이 정겨운 느낌으로 지금도 남아 있다.

조선시대 군왕들의 어진 태종때 이곳에 봉안한 영정은 임진왜란과 병자호란 등 잇딴 전란를 피해 아산과 묘향 산, 적상산 등을 떠돌아 다녀야 했고, 동학혁명이 일어났을 때는 위봉산성으로 옮겨 겨우 화를 면할 수 있었다고 한다.

전동성당이 지금처럼 유명해지게 된 건 순전히 영화 한 편의 힘일 것이다. 물론 그전에도 이곳은 지역주민들에겐 충분히 자랑스러운 곳이었음에는 틀림없겠지만. 약속이라는 영화였던가. 조폭 두목 박신양과 가녀린 여의사 전도연이 둘만의 결혼식을 올렸던 배경이 바로 이곳 전동성당이었다.

일반인들에겐 그저 영화촬영지로 알려진 곳이지만 천주교도들에게 이곳은 아픈 역사가 있는 곳이기도 하다. 한국 교회 최초의 선교자로 알려진 윤지충을 비롯한 호남지역의 많은 천주교 신자가 참수당한 곳이라는 사실을 알고 나니 함부로 카메라 셔터를 누르던 마음이 한결 경건해지는 기분이다.

일제강점기인 1908년에 공사가 착공되어 1914년에 외관 공사가, 1931년에 비로소 성당이 완공되었다 한다. 당연히 전주시에 있는 성당 가운데 가장 오래된 건물이고, 호남지역에 최초로 세워진 로마네스크 양식의 건물이다. 뭔지 알 수 없는 매력에 이끌려 성당 문을 열고 내부에까지 들어가 보게 되었다.

절이든, 성당이든 그냥 멀찍이 밖에서만 맴돌다 돌아가는 게 보통이었는데 이곳은 좀 달랐다. 성당이란 곳을 들어가 본 건 그때가 처음이었다. 영화나 드라마에서 보아 오던 모습과 크게 다르지는 않았지만 마음으로 느껴지는 건 확실히 차이가 있었다. 너무 유명해져서일까. 종교 자체의 경건함보다는 관광지와 같은 가벼움이 느껴져 조금 아쉬웠지만 전동성당의 아름다움을 친견한 자체만으로도 충분히 만족스런 날이었다.

순교의 현장 전동성당 전동성당은 우리나라에서 가장 아름다운 성당 중 하나로 꼽히며 로마네스크 양식의 웅장함을 보여준다. 호남지역의 서양식 근대 건축물로는 가장 오래된 것으로 손꼽힌다. 성당이 세워진 자리는 원래 전라감영이 있었던 곳으로 우리나라 천주교 첫 순교자가 나온 역사의 현장이기도 하다.

전주 풍남문 전주는 조선을 건국한 태조 이성계의 관향貫鄕이다. 지난날 전주를 유방의 고향 풍패에 빗대어 흔히 '풍패향豊沛鄕', '풍패지향豊沛之鄕'이라고 부르기도 했는데 풍남문豊南門이란 이름에는 풍패향 전주의 남문이라는 뜻 이 담겨 있다.

전주 한옥마을에서 경기전을 거쳐 전동성당에 이르렀다면 빼놓지 말고 들러야 할 곳이 바로 풍남문이다. 전동성당에서 엎어지면 코 닿을 만큼 지척인 전주시 완산구 전동 2가에 위치해 있다. 풍남문은 조선시대 관찰사가 머물던 전주읍성의 남쪽 문이다. 예전에 전주 고을을 둘러싸던 성곽과 성문을 다 허물어져 내리고 지금은 남쪽 문이던 풍남문만 남아 있다.

풍남문은 원래 정유재란 중이던 선조 30년에 파괴되었던 것을 영조 10년에 성곽과 성문을 다시 지어 명견루라 불렀었다. 이후 영조 43년에 다시 불타 허물어진 것을 관찰사 홍낙인이 다음해에 다시 지으면서 풍남문이란 이름을 붙였다고 한다. 풍남문은 1963년 1월에 보물 제308호로 지정받아 관리되고 있는데 풍남문을 중심으로 로터리가 형성되어 있고 그 주변에 상가가 밀집되어 있어 조금은 어수선한 모습이다.

이 성문을 자세히 보면 1층 건물 너비에 비해 2층 너비가 갑자기 좁아 보인다. 이것은 1층 안쪽에 있는 기둥을 그대로 2층까지 올려 모서리 기둥으로 사용하였기 때문이라 한다. 이 같은 건축기법은 국내 성곽 건축에서는 흔히 보기 어려운 형태로 조선후기 건축연구에 중요한 자료로 인정받고 있다.

예전에는 전주 읍성에 동, 서, 남, 북으로 네 개의 문이 있었는데 모두 사라져 지금은 그저 옛 모습을 미루어 짐작할 수밖에 없다. 순종 때는 도시 정비를 한다는 명목으로 그나마 남아있던 성곽과 성문까지 모두 허물었다고 하니 지금 생각하면 참으로 아쉬운 노릇이다. 사람도, 사물도 우리 곁에 있을 때는 소중함을 알지 못하는 법인가 보다. 🐾

풍 경 을
그 리 다

조선의 운명을 바꾼 15人
임채영 지음 / KD Books(케이디북스) / 2011년 7월

이미 지나가 버린 과거는 되돌릴 수 없다. 그것이 화려한 영광의 시대였건, 치욕스런 굴종屈從의 시대였건 말이다. 그럼에도 불구하고 우리는 "만약 그때 이랬더라면……." 혹은 "그때 그 일이 일어나지 않았더라면, 그 사람이 없었더라면……." 하는 상상을 하며 열을 올리는 어리석음을 범하는 일도 있다.

이 책이 바로 그렇다. '조선의 운명을 바꾼 15인'이란 책에는 역사에 만약을 생각하게 만드는 8명의 인물과 조선을 3류 변방 국가로 만든 7명을 소개하고 있다. 조선의 체 게바라라는 칭송을 받은 정도전을 시작으로 조선의 마지막 횃불을 들었던 녹두장군 전봉준까지 그들의 면면을 다시 살펴보면 아쉬운 생각이 많이 들 수밖에 없다.

물론 광해군처럼 최근에 새로운 관점에서 재조명을 받고 있는 인물들도 있긴 하지만 여전히 편협한 역사의 틀 속에 갇혀 비뚤어진 평가를 받고 있는 이도 많다. 황제의 나라를 꿈꾼 이징옥, 혁신적인 사상가 정여립, 의적義賊이라고 하기에는 너무나 그릇이 컸던 장길산, 조선보다 백성을 더 사랑했던 홍경래 역시 기성 사관에 따르면 반역자들에 불과하기 때문이다.

흔히들 역사는 승자의 전리품戰利品이라고 한다. 따지고 보면 틀린 말은 아니다. 역사 자체를 진실이라고 믿는다는 것의 위험성을 지적한 말이기도 하다. 동일한 인물과 사실도 관점에 따라, 시대의 흐름에 따라 전혀 다르게 해석되고 평가받는 것이 비일비재하다. 이러한 현실에서 제대로 된 역사 교육이 이 땅에서 이루어지지 못하고 있다는 것은 크게 우려스러운 점이라 아니 할 수 없다.

그들의 뜻을 제대로 펴지 못해 안타까움을 자아내는 인물이 있는 반면 정반대의 경우도 많다. 그들이 바로 조선을 3류 변방 국가로 만든 이들이다. 조선의 대표적 간신이라 일컬어지는 유자광, 임사홍과 역적의 대명사 김자점을 위시해 조정을 외척의 손아귀에서 놀아나게 만들었던 문정왕후, 정순왕후, 순원왕후와 같은 여인들의 이야기들을 읽어 나가노라면 그 안타까움은 몇 배나 더해진다.

너무나 유명한 인물들이기에 앞에 열거된 이들은 모두 한 번쯤은 사극의 소재로 등장했었다. 과거 조선왕조 오백 년이라는 정통사극에는 물론 몇 해 전 큰 인기를 얻었던 드라마 '이산'에서는 정조와 정순왕후 간의 팽팽한 긴장감을 충분히 느낄 수 있었다. 최근 종편에서 방송 중인 사극에는 인조와 소현세자를 이간질하며 조선의 중흥을 가로막았던 김자점이 등장하고 있다.

역사적 사실에 극적 요소를 가미해 흥미롭게 읽기에 좋은 책이다. 역사라고 하면 다소 딱딱하고 어렵게 느껴질 수도 있지만 이 책은 재미있는 소설 한 편이나 드라마의 한 장면을 통해 우리 역사의 한 단면을 되돌아보게 한다. 조선시대의 서글픈 역사를 반추反芻해 보면서 그때 그 시절에는 왜 그리도 많은 음모와 조작이 난무 했는지 의문이 든다. 자신의 가문, 자신이 속한 정파의 이익을 위해 상대에게 일말의 자비도 허용치 않았던 그 살벌한 시대가 다시 반복되지나 않을까 하는 우려도 감출 수 없다.

일제 식민사관에서는 당파성黨派性이라는 말로 우리의 민족성을 폄하貶下했다고 배웠지만, 조선의 역사를 배워가다 보면 비록 과장된 면은 있다 하더라도 그것이 사실이 아니라고 부정하기도 어려운 게 아닐까 고개를 갸웃거리게 된다. 지난 시대의 과오過誤를 다시 반복하지 않을 수 있다면 우리가 역사를 배우는 충분한 보람이 있는 것이다.

비암사 碑巖寺

비암사는 크지도 않고, 일반인들에게 많이 알려진 사찰도 아니다. 입구에 들어서면 절이 한 눈에 다 들어올 정도로 비암사는 규모가 작다. 극락보전, 대웅전, 명부전, 산신각 등 당우들이 단촐하니 사각형 형태로 자리를 잡고 있는 모습이 정겹다. 구석구석 어디를 다녀 봐도 깔끔하게 잘 정돈된 모습에서 보살님들의 부지런함을 짐작할 수 있다.

따뜻하고 정겨운 느낌이 드는 절이라서 참 좋다. 비암사를 찾았던 그날의 날씨도 그러했다. 2월 중순이었지만 그날은 마치 시간이 한 달이나 앞으로 흘러간 듯 따뜻한 봄날 그 자체였다. 이따금씩 불어오는 바람이 울려주는 풍경 소리를 들으며 한가로이 경내를 걸어 다니며 느꼈었던 여유로움과 평안함을 잊을 수가 없다. 언젠가 다시 비암사를 찾을 그날이 벌써부터 기다려진다.

'바람이 지은 집 절'이란 책에도 이 작은 절, 비암사가 소개되어 있어서 반가웠다. 마치 세상 사람들에게 그 사람의 진가를 알릴 수 없어 아쉬웠던 친구가 일간지에 소개된 듯한 느낌과 비슷하다고나 할까. 이 책의 지은이 윤제학님이 비암사에서 느꼈던 그 마음을 고스란히 나도 공감할 수 있어 책을 읽는 내내 즐거웠다.

바람이 지은 집 비암사 정확한 창건 연대는 알 수 없으나 삼국시대에 처음 만들어진 것으로 전해진다. 마곡사의 말사로 절의 규모도 작고 많이 알려지지는 않았지만 그 덕분에 언제나 비암사에 가면 산사의 고요와 여유를 오롯이 누릴 수 있다.

책에서 저자는 비암사의 느티나무에 대해 한참을 얘기하고 있다. 나도 마찬가지였지만 비암사를 찾았을 때 가장 먼저 눈에 들어온 것은 절의 당우도 아니었고, 석탑도 아니었다. 바로 입구에 서 있는 수령 800년이 넘은 느티나무가 바로 이 절의 주인처럼 느껴졌다. 저자의 표현을 빌리자면 비암사 느티나무는 일주문이고, 천왕상이고, 살아있는 절의 역사인 것이다.

자연에서 신성神性을 보고 경이驚異를 느낄 때, 그 마음자리가 극락極樂이 아닐까 하는 생각에 나 역시도 동의한다. 우리가 모두 부처가 될 수 있다면 우리가 사는 세상 역시 부처의 세상일 테니까. 누군가가 비암사 느티나무에서 아미타 부처의 현신現身을 보았다면 나는 언젠가 비암사를 함께 걷고 있을 행복한 나의 모습을 보았다. 그날 그 시간의 비암사가 바로 나의 극락일 것이다. 🌸

비암사 느티나무 비암사에 오르는 돌계단을 따라 걸음을 옮기면 아니오신 듯 다녀가시라는 글귀와 함께 800년 넘은 느티나무와 마주하게 된다. 굳이 대웅전의 부처님, 석탑을 만나지 않더라도 살아있는 부처님이나 다름없는 이 오래된 나무를 한참 바라보는 것만으로도 극락에 이르는 길은 가까워진다.

풍 경 을
그 리 다

바람이 지은 집, 절
윤재학 지음, 정정현 사진 / 우리출판사(서울출판) / 2011년 4월

세상 모든 절집은 바람^願이 지었다.

세상 모든 사람들은 행복을 바란다.

흔히들 '이것만 이루어지면 더 바랄 게 없겠다'는 말을 한다.

대부분 그 바람은 무망하다. 바람의 목록은 무한정 늘어난다.

비루^{鄙陋}한 욕망에서 해탈에 이르기까지, 저마다 행복해지기 위한 바람이다.

그 간극은 아득하여서 야차^{夜叉}의 세계와 부처의 세계에 걸친다.

그 사이에서 수많은 불보살이 우리 곁으로 왔다.

절집이 우리 곁으로 왔다.

나는 절을 좋아한다. 불심이 충만한 신자도 아니건만 목적지 없는 떠남의 끝에는 늘 절이 있었다. 그런데 절에 갔다고 해서 법당에서 절을 한다거나 하는 경우도 드물다. 엄밀히 말하자면 절 자체보다는 절과 속세의 경계를 그어 주는 듯 상쾌한 절의 숲길과 오직 바람이 울려주는 풍경 소리만이 고요함을 일깨우는 그 느낌이 좋아서인 것 같다.

그래서인지 책을 고를 때도 우리나라의 유명한 절을 소개한 책에 눈길이 간다. 지난 몇 년간 전국의 이름난 큰 절이나 인근의 작은 사찰까지 많은 절들을 다녀봐서인지 이만하면 충분하다 생각했었는데 그것도 아닌가 보다. 이름은 많이 들어봤지만 거리가 멀어서, 시간이 없어서 등의 핑계로 못 가 본 곳들로 많다. 아직은 할 일이 많이 남아 있는 것 같아 괜시리 마음이 바빠진다.

지난해 출간된 '바람이 지은 집 절'이라는 책이 있다. 독특한 제목에 마음이 이끌렸다. 깊이 생각해 볼 생각도 없이 그저 바람이라 함은 분명 바람風을 말함이겠거니 여겼었는데 그게 아니었다. 물론 지은이는 두 가지의 바람을 얘기하고 있긴 하다. 하지만 내가 생각했던 바람은 그 다음이었다.

이 책의 저자 윤제학은 세상 모든 절집은 바람願이 지었다고 했다. 머리말에서 이 글을 보는 순간 무릎을 탁 칠 수밖에 없었다. 아~ 바람은 간절한 사람들의 소망을 뜻함이었구나. 행복하기를 바라는 사람들의 바람은 무궁무진하며 세월이 흐를수록 그 바람의 종류와 수는 무한정 늘어난다. 그 수많은 바람들이 바로 절집을 지은 것이다.

또한 세상의 절집은 바람風이 지었다고도 했다. 세상의 모든 사람들이 '그물에 걸리지 않는 바람'처럼 자유롭게 살기를 바라지만 또 그렇게 살 수 있는 사람은 흔치 않다. 인연의 얽히고 설킴에 의해서, 홀로 또는 여럿이 만든 업業의 그물. 그 그물에서 벗어난 원효, 의상, 자장 스님과 같은 분들의 삶이 전설이 되고 신화가 되고 바람이 되어 절을 지은 것이라는 얘기다.

그물에 걸리지 않는 '바람'처럼 자유롭게 살고 싶은 바람이, 행복해지기를 바라는 '바람'으로 인해 이루어지지 못하고 있다는 것이 어찌 보면 아이러니요, 인간 세상의 비극이 아닐까 하는 생각을 해본다. 비루한 욕망이든 해탈을 바라는 큰 욕심이든, 비우고 놓아 버릴 수 있다면 그 순간 진정한 자유와 평온이 올 것임을 알면서도 그러지 못하는 어리석음은 그 끝이 없다.

가만히 셈을 해보니 책에 소개되어 있는 스물세 곳의 절 가운데 겨우 아홉 곳 밖에 가보질 못했다. 바람願과 바람風이 지은 많은 절들이 또 내게 손짓하고 있다. 앞으로 절을 찾게 된다면 그 길은 헤아릴 수도 없이 많은 바람을 놓고, 그저 바람이 부는 대로 흘러가는 가벼운 발걸음이어야 하겠다. 비우면 비울수록 그만큼 또 채워질 수 있을 것일 테니. 지은이의 마지막 말이 내 마음이려니 여겨본다.

> 그냥 마음을 쏠었는데 반가운 이가 찾아오듯 내 삶에 평화가 깃들기를 바라는 마음으로 이 글을 썼다. 우리 모두의 온갖 바람이 산산이 풍화風化되기를 바란다.

고운사 孤雲寺

고운사는 경북 의성군 단촌면 구계리의 등운산에 위치한 조계종 제16교구의 본사이다. 이 절이 위치한 자리가 천하의 명당明堂자리라고 한다. 연화반개형상蓮花半開形狀이라고 하는데, 풀이하자면 연꽃이 반쯤 핀 형국이란 뜻이다. 풍수지리는 잘 모르지만 고운사를 찾았을 때 무언가 아늑하고, 마음이 평안해지는 느낌을 받았으니 헛된 말은 아닌 것 같다.

고운사는 화엄종의 창시자인 의상대사가 신라 신문왕 원년인 681년에 창건해 처음에는 고운사高雲寺로 불렸다. 이후 신라 말기 유儒, 불佛, 선仙에 통달해 신선이 되었다는 최치원이 이 절에 들어와 가운루와 우화루를 창건하고 머물게 되었는데 그의 호를 따 지금의 이름인 고운사孤雲寺로 불리게 되었다. 한자 이름으로는 높은 구름이 외로운 구름으로 바뀌게 된 것이지만 내겐 그저 고운 절로만 느껴진다.

고려 태조 왕건의 스승이자 풍수지리사상의 시조 격인 도선국사가 이 절을 크게 일으켰다고 하는데 당시 5개의 법당과 10개의 요사채를 지닌 규모였다고 전해진다. 지금도 전해지는 약사전藥師殿의 부처님과 나한전 앞의 삼층석탑 역시 그때 만들어진 것이라고 한다. 한창 번성했을 때는 366간의 건물에 200여 대중이 수행하는 대사찰이었지만, 지금은 많이 쇠락衰落하여 교구 본사로는 매우 작은 규모를 유지하고 있다.

고운사 가운루 가운루 누각에 앉아 흐르는 계곡의 물소리를 듣고, 녹음이 우거진 산과 파란 하늘을 배경 삼아 떠가는 구름을 바라보고 있노라면 그 풍경은 옛 기록에 전하는 것처럼 말 그대로 '신선의 세계'라 부를 만 하다. 지금의 가운루도 중수한 지 5백년이 가까워지는 오래된 건물이라니 과연 천년고찰다운 세월의 무게가 느껴진다.

일제시대에는 조선불교 31총본산의 하나였고, 지금은 의성, 안동, 봉화, 영양지역에 산재한 60여 곳의 크고 작은 사찰을 관장하고 있다. 규모가 있는 사찰로서 전국에서 유일하게 입장료를 받지 않는 사찰로도 유명하다고 한다. 아주 작은 사찰들이야 그렇다고 쳐도 웬만한 사찰들은 문화재 관람료라는 명목으로 돈을 받고 있는데, 이런 면에서도 고운사는 참 '고운 절'이 맞는 것 같다.

고운사 들어가는 숲길이 참 아름답다. 잘 다듬어진 흙길은 매번 걸어도 질리지 않을 정도로 다양하고 풍성한 풍경을 안겨준다. 가을날 아침 상쾌한 공기를 폐부 깊숙이 들여 마시며 십여 분 정도 편안한 마음으로 걸었던 이 길은 언제고 다시 찾아오고 싶은 곳이요, 좋은 사람들에게 소개시켜 주고 싶은 곳이기도 하다.

어느새 일주문에 다다랐다. 고운사의 느낌은 예전이나 지금이나 똑같았다. 포근하고 정겨운 느낌 그대로다. 이번엔 용기를 내 법당 안에 들어가도 보고, 불전함에 시주도 하고 간절한 소망을 담은 기도도 잠깐 올렸다. 그동안 여러 절을 다니면서 눈치 보지 않고 서서히 적응해 가는 느낌이 든다.

고운사에는 대웅보전, 극락전, 약사전, 나한전, 명부전, 고금당, 우화루 등 크고 작은 전각들이 있다. 개인적으로 마음에 드는 건물을 꼽으라면 연수전과 가화루를 빼놓지 말아야겠다. 특히 연수전은 한참을 둘러보고도 내려가는 길에 다시 발길이 저절로 이끌릴 만큼 마음을 끄는 매력이 있는 건물이었다. 삐걱거리는 만세문을 열고 연수전을 들여다보는 맛이 꽤 좋았다.

어첩을 봉안한 연수전 영조 20년¹⁷⁷⁴에 왕실의 계보를 적은 어첩御牒을 봉안하기 위해 건립되었는데 사찰의 일
반적인 전각 모습과는 확연히 다른 형태이다. 사찰 내에 자리한 왕실 관련 건물이라는 점도 독특하다.

연수전은 조선시대 영조가 내린 어첩을 봉안*하던 건물이었는데, 지금
의 건물은 이후 고종 때 지은 것이라 한다. 임금의 장수를 기원하던 곳으
로 우리나라 사찰에서는 흔히 볼 수 없는 건축형태와 벽화를 지닌 곳이
다. 채색의 빛이 바랜 것을 보면 수백 년은 족히 넘어 보였는데, 고종 때
지은 건물이라고 하니 조금 의외다. 요즘의 사찰들이 화려한 모습으로 새
로 채색을 하고, 신식 건물들을 짓는 공사들로 어수선한 모습과 비교되는
모습인 것 같다. 그냥 그렇게 오래된 대로 놔두는 것도 좋지 않을까 싶다.
물론 보수가 필요한 경우라면 말이 달라지겠지만.

가운루는 독특한 형태로 지어졌다. 신라시대 최치원이 건축했다고 전해지고 지는데 우리나라의 아름다운 건축물 중 하나로 손꼽힌다. 이 건물이 어떻게 지어졌냐 하면 계곡 위에 돌기둥을 세우고, 이 돌기둥 위에 다시 나무기둥을 세워 건물을 지은 것이다. 가운루 누각에 앉아 아래로는 흐르는 계곡의 물소리를 듣고, 위로 녹음이 우거진 푸른 산과 파란 하늘을 배경 삼아 떠가는 구름을 바라보는 풍경은 옛 기록에 전하는 것처럼 '신선의 세계'라 부를만 하다.

위풍당당한 모습으로 서 있는 대웅전을 지나 작은 언덕을 오르면 나한전과 스님들이 수행하는 선원이 자리하고 있다. 원래 지금의 나한전 자리에 대웅전이 위치해 있었는데 지금의 대웅전을 새로 지으면서 옮겨졌다 한다. 나한전 아래는 삼층석탑이 자리를 지키고 있다. 개인적으로는 이곳에 서서 고운사를 내려 보다는 느낌을 참 좋아한다.

묵지심융默識心融이라 했던가. 굳이 말하지 않아도 마음이 통하리라 여겨 본다. 잠시 마주 앉은 찰나의 고요함을 통해 마음의 큰 위안을 얻고 절을 되돌아 나온다 한 때는 오래된 절집이 주는 편안함과 세월의 무게, 풍요롭고도 상쾌한 숲길과 계곡의 시원스런 물소리에 이끌려 절을 찾았었는데 앞으로는 조금 더 깊은 마음의 평안을 얻어가려 다시 이곳을 오게 될 것 같다.

요즘 유명한 사찰들을 보면 대부분이 사찰 입구에 식당이나 상가들이 조성되어 있어 산사다운 느낌을 제대로 누리기가 힘이 든 게 사실이다. 그런데 이 고운사는 상가는커녕, 주변의 민가로부터도 멀리 떨어져 있어 천년고찰다운 고즈넉함을 맘껏 누릴 수가 있다는 것이 매번 찾을 때마다 참 마음에 든다.

극락전 옆 광덕당 마루에 잠시 앉아 땀을 식혔다. 이 자리에 앉아 맞은편 등운산을 바라보는 느낌이 괜찮다. 풍만한 젖가슴 같은 등운산과 그 위를 쉼 없이 흘러가는 구름을 바라보니 우리네 인생이 또 저 구름처럼 덧없는 것이로구나 하는 생각이 들어 잠시 서글픈 마음이 들었다. 남은 인생은 덧없는 구름이 아니라 변함없이 자리를 지키는 산으로 살았으면 좋겠다. 🌸

만덕당 마루에 앉아 바라보는 등운산 극락전 옆 만덕당 마루에 앉아 땀을 식히며 맞은편 등운산을 바라보는 즐거움은 고운사 여행의 빼놓을 수 없는 묘미가 아닐 수 없다. 매번 이곳에서 덧없이 흘러가는 구름을 바라 보았던 것 같다. 그 속에서 어찌할 수 없는 인간 본연의 외로움을 맛보게 된다. 그래서 이 절 이름이 외로운 구름이 흘러가는 고운사인가 보다.

풍 경 을
그 리 다

■ 사람은 누구나 꽃이다
도종환 지음 / 좋은생각 / 2004년 2월

모든 사람이 장미일 필요는 없다.
나는 나대로, 내 사랑하는 사람은 그 사람대로
산국화이어도 좋고 나리꽃이어도 좋은 것이다.
아니, 달맞이꽃이면 또 어떤가!

느즈막히 도종환 시인의 글들에 매료된 것 또한 인연이라 생각해
본다. 조금, 아니 많이 늦어서 아쉽기도 하지만 한편 지금이라도
그의 아름다운 시와 따뜻한 산문을 읽을 수 있다는 것에 감사하
다. 결코 순탄치 않은 삶을 살면서도 사람과 세상에 대한 따뜻한
시선을 거두지 않은 그의 넉넉한 마음에 절로 고개가 숙여진다.

'사람은 누구나 꽃이다'라는 따뜻한 제목을 지닌 이 책에 실린 글

들은 하나같이 겸허하고 따뜻하다. 김용택 시인의 표현처럼 이 산문집의 모든 글들은 그 자체로 시다. 한번 읽고 그만인 글이 아니라 언제든 다시 펴서 또 읽으며 그 속에 담긴 시인의 깊은 성찰을 곱씹어 보고 싶어진다.

이 책을 읽고 있으니 욕심내는 사람들이 있다. 강추한다는 얘기에 당장 읽어보겠노라는 사람도 있고, 누구는 제목에 반했다며 다 읽게 되면 빌려 달라는 이도 있다. 좋은 책을 함께 보는 것도 분명 좋은 일일 테지만 이 책은 빌려줄 수가 없을 것 같다. 그 이유를 묻는다면 이 책이 '너무 좋아서'라고 얘기해야겠다.

늘 곁에 두고 마음에 먼지가 낄 때마다 읽어야 할 것 같고 제목 자체가 하나의 가르침과도 같은 예순세 편의 주옥같은 글들을 마음에 새겨 두고 싶기 때문이다. 김용택 시인은 좋은 글보다 좋은 사람을 좋아한다 했다. 좋은 사람의 글을 읽어 보면 글재주 글 냄새보다 사람 냄새가 솔솔 배어 나와 사람을 취하게 한다고 했는데 나에게도 도종환 시인의 글이 그러했다.

아마도 진실이 서려 있어서일 것이다. 우리가 사는 세상에 은은한 사람의 향기를 흘리는 좋은 사람이어서 일 것이다. 책을 읽는 내내 마음속을 크게 울렸던 그 무언가를 짧막한 글로나마 표현해 보고 싶었는데 그럴 재주가 내겐 없다. 그저 누군가에게 "정말 좋다."는 짧은 말로 읽어 보기를 권하는 것으로 나의 마음을 드러내는 수밖에 없을 것 같다.

우리는 모두 특별한 사랑을 꿈꾼다.
그러나 특별한 사랑은 특별한 사람을 만나서 이루어지
는 게 아니라
보통의 사람을 만나 그를 특별히 사랑하면서 이루어지
는 것임을……

- 어머니의 동백꽃

나는 지금 사랑하는 사람의 무엇으로 있을까.
그에게 물이 되어 스미고 있는 걸까.

- 사랑의 불, 바람, 물, 흙

사랑한다고 말했는데 사랑한다고 말한 그 사람도 없
고 사랑도 없다.
분명히 둘이 서로 뜨겁게 사랑했는데 그 뜨겁던 사랑
은 간 데가 없다.

- 시드는 꽃을 어떻게 멈춰 세울 수 있는가

그대가 거기 있는 것처럼 소박한 모습으로 서서 자기
들이 있는 곳을
아름다운 모습으로 바꾸어 놓고 있는 이들이 세상에
는 참 많습니다.

- 그대 거기 있다고 슬퍼하지 마세요

내가 별을 바라보고 있는 이 각도의 반대편
꼭짓점에 그대가 있을 것임을 나는 안다.
그대가 어디 있는지 알고 있는 별은
우리를 그렇게 반짝이는 눈빛으로 연결해 주고 있을
것이다.

- 혼자 있어도 혼자 있는 게 아니다

가장 낮은 자리에 있음으로 해서 모든 물줄기가 그곳으로
모이고 거기 모여서 시냇물이 되어 먼바다에까지
흘러가는 이치를 배우고 싶다.
다시 맑고 차가운 마음으로 돌아가고 싶다.

- 가장 추운 곳에 서 있고 싶은 날

강줄기 위에다 사랑하는 사람의 이름을 꽃잎처럼 띄워놓고
천천히 따라 내려가고 싶다.
그 말을 해본 지가 언제인지 너무도 오래된
사랑한다는 말을 강물 소리 곁에서 다시 하고 싶다.

- 나는 다시 강으로 가고 싶다

고요히 있는 것이 최선이다.
가만히 있으면 흐린 것은 아래로 가고 물은 맑아진다.
맑아지면 마음의 본바탕과 만나게 된다.
맑아지면 선해지고 선해지면 욕심도 삿됨도 가라앉게 된다.

- 고요히 있으면 물은 맑아진다

물이 맑아서 산 그림자를 깊게 안고 있고,
산이 높아서 물을 늘 깊고 푸르게 만들어 주듯이
그렇게 함께 있으면 좋겠습니다.

- 강물에 띄우는 편지

내 목소리를 듣기만 하고도 내 가슴속에 비가 내리고 있는지
먹구름이 몰려오고 있는지 금방 알아채는 사람은 누구인가.

내 노랫소리를 듣고는 내가 아파하고 있는지 흥겨워하
고 있는지
금방 아는 사람은 누구인가.

– 소리를 알아듣는 사람이 친구다

그를 대하는 내 마음이 그늘져 있으면
나를 향한 그의 마음도 어둡다.
내 얼굴이 남의 얼굴에 물에 비치듯 비친다.

– 흔들리지 않고 피는 꽃이 어디 있으랴

가을이 깊어가는 고운사 고운사 숲길은 참 아름답기도 하거니와 걷기에도 좋은 길이다. 잘 다듬어진 흙길은 매
번 걸어도 질리지 않을 정도로 다양하고 풍성한 풍경을 안겨준다. 가을날 아침 상쾌한 공기를 깊숙이 들여 마시며
걸었던 이 길은 언제고 다시 찾아오고 싶은 곳이요, 좋은 사람들에게 소개시켜 주고 싶은 곳이기도 하다.

주왕산·주산지

역시나 이번에도 너무 늦어버렸다. 제대로 된 주왕산의 단풍을 즐기려면 10월 말, 늦어도 11월 초를 넘겨서는 안 될 것 같다. 늘 그렇듯 단풍이 절정을 이룰 무렵이면 주말, 평일을 가리지 않고 몰려드는 행락객으로 인산인해를 이룰게 뻔하다.

이런 번잡함이 싫어 조금 이르거나, 혹은 조금 늦은 시기를 찾다 보니 늘 아쉬움이 남는다. 어차피 둘 다를 얻을 수는 없으니, 하나를 잃는다 해서 너무 아쉬워할 일도 아니겠지만 사람 마음이란 것이 또 그런가.

단잠의 유혹을 물리치고 새벽 일찍부터 서둘렀지만 벌써 대전사 앞마당은 형형색색의 산행객들로 가득 찼다. 모처럼 안개 자욱한 주왕산의 고즈넉함을 나홀로 누려볼까 했던 기대는 언감생심焉敢生心 이었나 보다.

주왕산 오르는 초입에 자리 잡고 있는 대전사는 그리 크지 않은 절이지만, 주왕산의 기암과 어우러지는 아담한 산사의 모습이 참 아름답다. 보고 또 봐도 질리지 않는 모습이다. 제아무리 아름다운 것도 여러 번 접하다 보면 쉬 식상해지기 마련인데도 늘상 같은 듯하면서도 매번 조금씩 다른 느낌을 주는 것이 주왕산의 진면목이 아닌가 싶다.

주왕산 대전사 대전사가 지닌 나름의 매력이 있다. 그리 크지 않은 절이지만, 주왕산의 기암과 멋지게 어울어지는 아담한 산사의 모습은 참으로 아름답다. 오고 또 오고, 보고 또 봐도 질리지 않는 모습이다. 늘상 같은 듯 하면서도 매번 조금씩 다른 느낌을 주는 것이 대전사가 지닌 진면목이 아닌가 싶다.

이번에도 급수대와 시루봉, 학소대를 거쳐 제1폭포에 이르는 평탄한 길을 선택했다. 그 아름다움으로 치자면 어느 산에도 뒤지지 않을 주왕산의 단풍은 이미 절정絕頂을 지나 버렸다. 그래도 안갯속에 묻힌 계곡과 기암들의 모습만으로도 주왕산을 찾은 이들을 달래주기에는 충분할 것 같다.

오랜 가뭄 때문인지 계곡의 물이 많이 줄었다. 한여름 시원스럽게 물줄기를 쏟아부었던 제1폭포도 그 세찬 물소리가 잦아든 느낌이다. 제1폭포에 당도하니 새벽 안개 사이로 비친 햇빛 덕분에 가을 단풍이 제법 울긋불긋한 맛이 난다. 정상 도전은 또 한번 다음으로 미루고 주산지를 향해 발걸음을 옮겨본다.

주왕산 제1폭포 대전사에서 제1폭포까지 올라가는 길은 아주 평탄한 편이라 주변 풍광을 감상하며, 벗과 두런두런 얘기를 나누며 오르기에 충분하다. 폭포라고 해서 수십, 수백m가 넘는 거대한 폭포를 기대했다면 분명 실망하겠지만 위에서 아래로 떨어지는 물줄기가 폭포 아니겠는가? 아담한 물줄기와 푸른 물빛이 보기만 해도 시원해진다.

주왕산 시루봉 대전사를 지나 제1폭포 오르는 계곡에는 멀리서 봐도 모양이 참 독특한 바위가 깎아지른 듯 서
있다. 떡을 찌는 시루와 닮았거나, 시루떡같은 모양으로 층층을 이루고 있는 봉우리라고 해서 시루봉이란 이름이
붙여졌다고 하는데, 약초 캐는 할아버지의 모습이라고도 주장하는 이도 있다.

봄, 여름, 가을, 겨울마다 다양한 아름다움이 따로 있지만 역시 그중 제일은 가을의 주산지柱山池 풍경이 아닐까 싶다. 이른 새벽 물안개가 피어오르는 주산지에 형형색색 붉게 타오른 단풍이 비친 모습은 환상적이기까지 하다. 그 아름다움을 맛보기 위해 사람들은 몇 시간을 달려 이른 새벽부터 이곳을 찾아오는 수고를 마다하지 않는 것이다.

단풍이 물들면 용이 승천한다는 전설이 전해지는 주왕산 별바위, 파란 하늘과 울긋불긋 불타오르는 울창한 숲이 배경을 이뤄주는 주산지는 자연이 주는 선물이다. 계곡을 따라 불어오는 바람이 버드나무 가지를 흔들며 내는 소리가 어우러져 환상적인 분위기를 만들어 낸다. 이런 날에 주산지를 느릿느릿 걸어보면 선계仙界가 따로 있지 않음을 느끼곤 한다.

주산지의 신비로움은 물에 잠긴 채 오랜 세월을 버티고 있는 왕버들 고목이다. 국내 30여 종의 버드나무 중 가장 으뜸으로 꼽히는 왕버들은 숲 속에서 다른 나무와 경쟁치 않고 아예 호숫가를 비롯한 물 많은 곳을 택해 자란다고 한다. 나무는 습한 곳을 피하는 법인데 아예 물속에 뿌리를 내리고 사는 것 또한 왕버들 나름의 생존전략이라 할 수 있겠다.

주산지는 조선 숙종 때인 1720년에 축조를 시작하여 이듬해인 경종 때 완공되었다고 한다. 이후 한 번도 바닥을 드러내지 않을 정도로 주변 농경지의 용수 공급원으로 그 역할을 지금도 계속하고 있다. 물에 잠긴 왕버들의 모습을 사진에 담으려면 미리 주산지의 저수율을 확인해 보는 것이 중요하다. 간혹 헛걸음하는 경우도 있고, 기대를 한껏 품고 갔다가 실망만 안고 돌아오는 사람도 여럿 보았다.

주산지의 아름다운 풍광에 대한 입소문이 나면서 이제 이곳은 많은 사진사들이 꼭 한번 가봐야 할 필수 출사지로 꼽히고 있다. 단풍이 절정을 이루는 가을 새벽에 주산지는 수백여 명의 사진사들로 발 디딜 틈조차 없을 정도다. 사람들의 발길이 지나쳐 주산지의 자랑이자 상징인 수백 년 넘은 왕버들 상태가 많이 좋지 않다고 한다. 이 아름다운 모습을 다음 세대에도 온전히 물려줄 수 있기 위한 노력이 필요해 보인다.

주산지는 영화 한 편을 통해 유명세를 타기 시작했다. 김기덕 감독의 영화 '봄, 여름, 가을, 겨울 그리고 봄'의 촬영지가 바로 이곳 주산지였다. 이 영화는 한 인간의 평범하지 않은 삶을 계절의 흐름과 불교의 윤회사상輪回思想에 투영投影하여 잘 표현한 것으로 평가받고 있다. 영화 속에서 주산지를 신비롭게 떠다니던 사찰은 철거되어 이제 볼 수 없지만 주산지의 신비로움은 더 이상 훼손되지 않기를 바랄 뿐이다. 🪷

물안개 피어나는 주산지 이른 새벽 물안개가 피어오르는 주산지에 형형색색 붉게 타오른 단풍이 비친 모습은 환상적이기까지 하다. 그 아름다움을 맛보기 위해 사람들은 몇시간을 달려 이른 새벽부터 이곳을 찾아오는 것이 겠지.

흔들리지 않고 피는 꽃이 어디 있으랴
도종환 지음, 송필용 그림 / 랜덤하우스코리아 / 2007년 8월

아름다운 시가 그림을 만났다. '접시꽃 당신'의 저자 도종환 시인이 시를 쓰고, 화가 송필용이 시 한 편 한편에 어울리는 그림을 그렸다. 흔히 시를 읽으며 떠올려지는 이미지를 나름대로 그려보곤 하는데 이 시집은 그런 수고마저 덜어주려는 것처럼 친절하다. 표지에는 풍성하니 꽉 찬 보름달을 배경 삼아 수많은 꽃들이 바람에 흔들리듯 피어 있다.

'흔들리지 않고 피는 꽃이 어디 있으랴'는 시인의 말에 위로를 얻는다. 세상에 나 혼자만 바람에 흔들리며, 비에 젖으며 살아가는 것이 아니라는 깨달음은 고마운 일이다. 그리하여 마침내 우리 모두는 아름답고 빛나는 꽃들로 피어났다 지는 것이니 순간순간 찾아오는 시련에 절망하지도, 잠깐 얼굴을 내민 봄 햇볕에 너무 들떠하지도 말아야겠구나.

"가장 뜨거운 시간이 지나간 뒤에 더는 참을 수 없어 쏟아지는 빗줄기처럼 시는 제게 그렇게 다가왔습니다. 시가 빗줄기처럼 쏟아져 저를 때리면 저도 그 비를 다 맞았습니다. 치열하지 않으면 시가 아니라고 생각했습니다. 절절하지 않으면, 가슴을 후벼 파는 것이 아니면, 울컥 치솟는 것이 아니면 시가 아니라고 생각했습니다. 내 가장 뜨거운 순간이 담겨 있지 않으면, 간절한 사랑과 아픈 소망이 아니면 시가 아니라고 생각했습니다.

그렇게 30년 가까이 시를 썼습니다. 그래서 제 시에는 빗줄기처럼 쏟아지는 이야기들이 들어 있습니다. 골짜기 물처럼 말들이 넘쳐흐르곤 합니다. 더 많은 진정성을 담고, 더 경건해지고자 말들이 두 손을 모으는 때가 많습니다."

도종환 시인이 책에서 밝힌 얘기다. 시란 그런 것이다. 절절하게 사람의 가슴을 후벼 파고, 울컥 눈물이 치솟게 하는 것이 있어야 시라고 얘기할 수 있는 것이다. 그래서 시를 쓰기가 어렵고, 또한 제대로 시를 읽기도 어려운 법이다. 세상에 시인은 넘쳐나고 그들이 읊조리는 시들은 많지만 사람의 마음을 움직이는 시를 만나기가 어려운 이유가 또 그러한 데 있다.

그렇게 서른 해 동안 펴낸 아홉 권의 시집 중에서 도종환 시인이 아끼고 좋아하는 시들을 골라 만든 시선집이 바로 이 책이다. 이 책에 담겨진 시들을 여러 번 읽으며 나는 비로소 "시는 말로 만들어진 그림"이라는 그의 표현을 이해할 수 있게 됐다. 그림 자체가 한편의 시가 되고, 시를 통해 선명한 이미지를 떠올릴 수가 있다는 것을 우리는 실감하게 된다.

굳이 시를 써야겠다고 욕심을 내 볼 생각은 없다. 30년 이상의 세월 동안 시를 써 왔으면서도 정작 뒷세상에 오래오래 남을 시 한 편은 아직 쓰지 못했는지도 모르겠다는 시인 앞에서 무슨 얘기를 할 수 있을까. 시를 통해 사물들과 풍경이 내게 보여주는 말 없는 그림을 볼 수 있는 눈만 가질 수 있다면, 그것으로도 충분하지 않을까 생각해 본다.

바람도 오고, 그리움도 오고, 아픔도 올 것이다. 머물러 살기도 할 것이다. 그러다 갈 것이다. 세월도 그렇게 왔다가 갈 것이니 가도록 그냥 두련다. 나 또한 그렇게 어딘지 모를 곳에서 와 잠시 머물다 다시 갈 것이니까. 더 흔들려 보련다. 바람에 더 흔들리고, 비에 더 젖어 보련다.

김룡사 金龍寺

오대산 월정사의 전나무 숲길을 다녀온 적이 있다. 영화나 드라마의 배경
으로도 여러 차례 소개되어 일반인들에게 많이 알려진 곳인지라 숲길은
예상대로 많은 인파로 붐볐다. 하늘을 향해 쭉쭉 뻗어있는 잘 생긴 전나
무들을 보는 즐거움이며, 숲이 선사하는 상쾌한 공기 또한 더할 나위 없
이 좋았다.

아쉬웠던 것이 있다면 역시나 번잡함일 것이다. 월정사 전나무 숲길을 상
상할 때면 난 항상 새벽의 고즈넉함을 그려왔었다. 그런데 실제로 접한
월정사 전나무 숲길의 느낌은 숲이라기보단 왠지 잘 정비된 산책로에 와
있는 듯했다. 아마 처음에는 그랬을 것이다. 알려지지도 않았고 그래서
아는 사람만이 찾는 보물 같은 곳이었을 것이다. 그러다 사람들 사이에
입소문이 나면서 달라질 수밖에 없는 운명을 맞이한 것이 아니었을까.

김룡사 숲길을 홀로 걷게 되면서 난 월정사 전나무 숲길을 떠올렸다. 물
론 이 길이 월정사 숲길처럼 유명한 것도 아니요, 그래서 그만큼 잘 정비
된 것도 결코 아니지만 김룡사로 들어서는 초입에서 보장문에 이르는 숲
길의 아름다움은 월정사의 그것보다 못하지 않다고 느꼈다.

운달산 김룡사 규모는 크지 않지만 참 많은 것을 품어 안고 있는 사찰이다. 물론 그 안에 천년이 넘는 세월이 있고, 수많은 사람들의 기원을 담고 있으니 당연하다. 작은 빨래집게 하나하나, 구석 한켠에 놓여 있는 장독대에서 좀더 정거운 느낌이 드는 절이 바로 김룡사였다.

아무도 찾는 이 없는 평일 오전의 한적함이 주는 쾌적한 기분이 그 감흥을 더 해주었음도 부인할 수 없는 사실이다. 나중에 다시 이 길을 걷게 된다면 실망할지도 모르겠지만 지금 당장은 김룡사 숲길을 꼭 소개시켜 주고 싶다. 나만의 보물로 꼭꼭 숨겨둘 수 있는 것도 아니고, 내가 감춰둔다고 해서 올 사람들이 못 찾아 오는 것도 아닐 테니 이 정도의 호의는 적당할 듯싶다.

김룡사 숲길이 지금과 같은 아름다움을 유지할 수 있었던 데에는 김룡사가 자리 잡고 있는 문경 운달산이 향탄봉산이었기 때문이다. 향탄봉산香炭封山이란 능묘의 제사에 쓰이는 향나무와 목탄을 조달하기 위해 수목을 보호하던 산이란 뜻이다. 역시나 자연을 온전히 보존하려면 어느 정도의 규제는 불가피한 것인가 보다.

입에 침이 마르도록 칭찬했던 숲길을 지나면 천년고찰 김룡사를 만날 수 있다. 경북 문경시 산북면에 위치해 있는 김룡사는 조계종 제8교구 본사인 직지사의 말사로 신라 진평왕 10년인 588년에 운달 스님이 창건한 것으로 전해지고 있다. 원래 이름은 운봉사였으나 몇 차례의 중건을 거쳐 1649년에 김룡사로 개칭하였다.

일제 강점기까지만 하더라도 31본산의 하나였지만 지금은 조계종 제8교구 본사인 직지사의 말사인지라 일반인들에게 많이 알려지지는 않은 것 같다. 언제 와도 사람 소리가 많이 나지 않는 절이라서 좋다. 이 호젓한 산사를 홀로 즐기는 호사를 누구와도 나누고 싶지 않은 욕심일 것이다. 규모는 크지 않지만 그 속에 드러나지 않은 많은 것들을 품어 안고 있는 사찰이란 느낌을 받았다.

김룡사 | 393
金龍寺

그 안에 천 년이 넘는 세월이 있고, 수많은 사람들의 기원을 담고 있으니 그럴 만도 하다. 김룡사 경내를 거닐며 마주치게 되는 작은 빨래집게 하나, 구석 한켠에 놓여 있는 장독대를 보며 다른 사찰들과는 다른 김룡사만의 독특한 분위기도 느낄 수 있었다. 서민적이라고 해야 할까. 그래서 좀 더 정겨운 느낌이 드는 절이 바로 김룡사다.

일반인의 출입을 금하는 곳도 있다. 절의 가장 안쪽에는 스님들의 수행을 위한 전각이 있다. 감히 범접하기 어려워 발을 돌려야 했다. 김룡사 뒤편의 소나무 숲과 파란 하늘, 그리고 사찰의 오밀조밀한 건물들이 주는 멋진 조화 역시 김룡사를 다시 찾게 만드는 매력 포인트다.

김룡사에서 빼먹지 말고 들러봐야 할 곳이 있는데, 바로 해우소解憂所다. 근심을 풀어주는 곳이라는 뜻인데 쉽게 말하면 화장실이다. 요즘 웬만한 고찰들도 화장실만은 현대식으로 잘 지어 놓은 곳이 대부분이다. 깊이를 알 수조차 없는 전통 사찰의 해우소를 경험하기란 참 쉽지 않다. 그 느낌을 제대로 느껴보려면 이곳 김룡사 해우소에 들어가 봐야 한다. 정말 그곳에 서는 순간 강렬한 기억이 뇌리에 남을 것이 분명하다.

매번 올 때마다 걸어 다녔던 길을 벗어나 구석구석을 헤매다 보니 예전에 미처 몰랐던 석탑과 석불을 절 뒤편에서 보게 됐다. 보통은 절의 주된 법당 앞마당에 배치하는 것이 일반적인데 이 절은 독특하게도 풍수지리상 누운 소의 형상인 운불산의 맥脈을 보전하기 위해 일부러 뒤편에 놓은 것이라는 설명이다.

솜씨 좋은 석공의 솜씨가 아닌 토속적인 느낌이 나는 것이 마치 화순 운주사의 천불천탑을 떠올리게 한다. 오히려 그래서 사람의 마음을 끄는 구석이 있다. 다보탑이나 석가탑이 정제되고 우아한 예술미의 정수精髓를 보여준다고는 하지만 그 모습이 너무 잘 나서 사뭇 귀족적이라면, 이곳의 탑과 부처는 곁에 있는 우리 이웃이 없는 솜씨지만 정성들여 만든 것 같아 더욱 애착이 간다. 🥏

돌아보면 언제나 네가 있었다
후지와라 신야 지음, 강병혁 옮김 / 푸른숲 / 2011년 5월

후지와라 신야. 일본의 유명한 사진가라고 하는데 내게는 생소한 이름이었다. 사진이라는 공통의 매개체를 가진 이 일본 작가의 책을 선택하게 된 데에는 아마도 '돌아보면 언제나 네가 있었다'라는 제목의 영향이 컸다. 일본에서 출간된 원저의 제목은 '코스모스 그림자 뒤에는 늘 누군가 숨어 있다'인데 이 역시도 무척 인상적이긴 하다.

내가 요즘 가장 많이 읽는 스타일의 책이다. 사진을 매개로 한 일상의 삶을 관조하는 듯한 편안한 느낌의 글. 이 책에는 모두 열네 편의 글들이 실려 있는데 재미있는 것은 이 모든 글들이 일본에서는 한 무가지無價紙에 연재되었던 글이라는 것이다. 지하철역에서 흔히 볼 수 있는, 다소 허술해 보이는 잡지나 신문에 이런 주옥같은 글들이 실려 있었다는 게 어울리지는 않아 보인다.

책에 등장하는 사람들은 그저 평범한 일상을 사는 사람들이다. 우리 주변에서 쉽게 볼 수 있거나, 혹은 내가 바로 그 사람 중 하나일 수도 있겠다. 또 다른 공통점이 있다면 뭔가로 인해 고통 받고 있다거나 살아가는 하루하루가 힘든 사람들이라는 거다. 그래서인지 열네 가지 이야기의 맨 처음에 나오는 사진들도 어둡고, 간혹 우울해 보이기도 한다.

> ─ 슬픔 또한 풍요로움이다. 거기에는 자신의 마음을 희생한, 타인에 대한 한없는 배려가 존재하기 때문이다. 또한 그것은 인간에게 없어서는 안 되는, 결코 꺼져서는 안 되는 성화聖火이기 때문이다.

누구나 쉽게 입 밖으로 꺼내지 못하고 가슴 깊은 곳에 담아둔 이야기들이 있을 것이다. 다들 행복하게 인생을 살아가는 것 같은데, 왜 유독 나에게만 힘든 일이 생기는 것일까 원망스러운 마음이 들 때도 많다. 하지만 돌아보면 그곳에 언제나 따뜻한 미소로, 넉넉한 품으로 안아줄 네가 있다면 지치고 힘든 일상을 버티어가는 데 큰 위안이 될 것이 분명하다.

그리 길지도, 짧지도 않은 책이긴 하지만 단숨에 읽어낼 정도로 이 책은 분명 흡입력이 있었다. 열네 편의 이야기 속에 등장하는 인물들과 배경은 모두 다르지만 결국 작가와 표현대로 '무수한 슬픔과 고통으로 채색되는' 인간의 일생을 살면서도, 그러한 슬픔과 고통을 통해서만 구원받고 위로받을 수 있다는 아주 단순한 하나의 진리로 귀결되는 것 같다.

공세리 성당

서둘렀지만 공세리 성당에 도착할 무렵엔 이미 해가 넘어가고 있었다. 해지기 직전 특유의 그 넉넉한 햇살이 공세리 성당을 가득 채우고 있는 느낌이 들었다. 성당 주변에 있는 여러 그루의 보호수들은 그 세월 만큼이나 풍성한 품으로 먼데서 온 손님을 반겨 주었다.

절이란 절은 잘도 찾아다니지만 성당은 아직 그리 익숙치 못하다. 개인적으로 그 어떤 종교적 편향도 가지고 있지는 않지만 그전에 가본 것이 전주 전동성당이 유일할 정도로 절과 성당의 차이는 여전히 크다.

공세리 성당이 아름답다는 얘기는 이전에도 여러 번 들었었다. '모래시계', '불새'와 같은 드라마는 물론 영화 '태극기 휘날리며' 촬영도 이곳에서 이루어졌다고 한다. 전주 전동성당이 영화 '약속'의 배경으로 쓰이면서 유명세를 탄 것과 비슷하다고 보면 좋겠다. 직접 가보면 세간의 평가가 결코 과장이 아님을 깨닫게 된다.

성당은 분명 절과는 다른 느낌이다. 단아하고 깔끔하고 정갈하게 정리된 느낌이 엄격한 카톨릭의 규율을 느끼게 한다. 고딕식으로 지어진 성당 모습이 마치 유럽의 어느 곳에 와 있는 듯한 착각이 들게 한다. 아~ 난 아직 유럽에 가 본 적도 없으면서 그런 착각을 하다니……

해질녘 공세리 성당 드라마나 영화의 촬영지로 각광을 받을 만큼 아름다운 풍광을 자랑하는 곳이다. 해질 무렵이면 크고 오래된 나무 사이로 햇살이 눈부시게 부서지고, 단아한 성당 건물은 그 속에서 더욱 빛난다.

이 성당은 1922년에 프랑스 신부가 중국인 기술자를 데려와 지었으며 공세리라는 지명은 과거 이곳에 조선시대 경상, 전라, 충청도에서 올라온 쌀을 쌓아두었던 공세창고貢稅倉庫가 있었기에 붙은 이름이라 한다.

그저 아름다운 장소로만 기억하기엔 이곳에도 아픈 순교殉敎의 기억이 있다. 조선 후기 천주교 박해의 시기에 이 성당 출신 28명이 순교를 했고 지금도 일부 순교자의 묘가 남아있다 한다. 불교가 뿌리내리기 위해 이차돈의 순교가 있었듯 종교가 민중 속으로 뿌리 내리기 위해선 아픔이 필연적이었나 보다.

워낙에 많이 알려진 덕분인지 평일인데도 찾아오는 사람이 많았다. 친구들끼리, 연인들끼리, 혹은 가족 단위로 찾아온 사람들의 모습이 정겨웠다. 나뭇가지에 환하게 부서지는 오후의 햇살처럼 그들의 내일에도 환한 빛이 가득했으면 좋겠다. ❀

살아 있는 것은 다 행복하라
법정(法頂) 지음, 류시화 엮음 / 조화로운삶(위즈덤하우스) /
2006년 2월

늘 책장에 꽂혀 있던 책을 무심코 꺼내 보게 되었다. 살아 있는
것은 다 행복하라. 제목이 참 마음에 든다. 행복하라. 이것은 말
그대로 명령이다. 따라야만 하는, 그리고 따르고 싶은 절대자의
명령이다. 지난 2010년 입적하신 법정 스님의 잠언을 류시화 시
인이 엮은 이 책에는 가난한 우리의 영혼을 맑게 정화시켜 주고,
풍요롭게 만드는 마음이 담겨 있다.

잠언이란 경계가 되는 짧은 말이나 가르쳐서 훈계하는 말을 뜻한
다고 한다. 이 책 속에는 법정 스님이 30년 넘는 긴 세월 동안 써
온 글과 법문法門에서 가려 뽑은 주옥같은 글들이 가득하다. 글을
읽을 때마다 절로 고개를 끄덕이게 된다. 한 편 한 편, 읽는 동안
스스로를 돌아보며 절로 반성하게 만들기도 한다.

남들과 비교해 물욕物慾이 넘치는 것 같지는 않지만 생각해 보면 그래도 불필요한 것들을 소유하고 있다는 생각이 든다. 물론 세속에 머물면서는 불가피한 것들이라 합리화를 시키면서 말이다. 모든 것이 마음의 욕심 탓이다. 욕심에서 벗어나려면 비교를 하지 말라 한다. 모두 각자 태어난 그릇대로의 삶을 올곧게 살면 되는 것인데 또 그것이 말처럼 쉬운 것만은 아닌 것 같다.

주변을 둘러보게 되면 늘 비교하게 되고 내가 가지지 못한 것에 대한 아쉬움과 안타까움이 생기게 마련이다. 그런 탁濁한 마음을 때때로 닦아주지 못하면 억울함이 지나쳐 분노로까지 치닫게 되는 경험을 하곤 한다. 법정 스님은 "무소유란 아무것도 가지지 않는 것이 아니요, 불필요한 것을 소유하지 않는 것이다"고 가르치셨는데 범인의 좁은 마음으로는 흉내조차 내기 힘든 게 사실이다.

이 책도 법정 스님의 열반涅槃 이후 불어 닥친 추모 열풍 속에 많은 이들이 사서 읽었을 것이 분명하다. 이 책의 가르침대로만 살 수 있다면 이 세상은 좀 더 고요해지고, 또 그 맑은 기운 속에서 보다 많은 사람들이 행복해 질 수 있을 것이다. 그랬으면 하는 바람이다. 나이를 좀 더 먹어 가면서 '버릴수록 얻을 수 있다'는 말뜻을 알아가는 것 같다.

자신이 소유한 것에 소유 당하는 인간 삶의 허상에서 벗어나라는 스님의 말이 폐부肺腑를 찌른다. 옳은 길인 것임을 알면서도 마땅히 그 길을 따라 나서지 못하는 용기없음이 부끄러운 때문이다. 하지만 애쓰고 또 하루하루 그 가르침에 닿으려 노력하다 보면 지금보다 나은 마음의 평안을 얻을 수도 있으리라 기대해 본다.

류시화 시인이 글로 남긴 것처럼 이 잠언집은 그 자리에서 한 번에 다 읽고

덮어 버리기에 어울리는 책이 아니다. 끝까지 읽지 않아도 옆에 오래 놓아
두어야 할 책이다. 그래서인지 단숨에 다 읽고 나서도 두 번 세 번 다시 읽
고 또 읽게 된다. 하루에 딱 한 가지만이라도 좋은 생각과 정갈한 마음을
품고 명상한다면 맑고 향기롭게 살 수도 있을 것 같은 자신이 생긴다. 언제
고 마음이 어두워지고 탁해질 때면 다음 글들을 곱씹어 보려 한다.

침묵과 고요와 몰입을 통해서 마음속에 뿌리내려 있
는 가장 곱고 향기로운 연꽃이 피어난다.

들길이나 산길을 거닐다가 청초하게 피어 있는 들꽃과
마주쳤을 때,
그 아름다움의 설렘을 친구에게 전해주고 싶었던 그런
경험은 없는가?
이런 마음을 지닌 사람은 멀리 떨어져 있어도 영혼의
그림자처럼 함께 할 수 있어 좋은 친구이다.
좋은 친구는 인생에서 가장 큰 보배이다.
친구를 통해서 삶의 바탕을 가꾸라.

살 때는 삶에 철저해 그 전부를 살아야 하고,
죽을 때는 죽음에 철저해 그 전부가 죽어야 한다.

너는 네 세상 어디에 있는가?

사람의 몸에 음식이 필요하듯 우리의 영혼에는 기도
가 필요하다.
기도는 하루를 여는 아침의 열쇠이고, 하루를 마감하
는 저녁의 빗장이다.

인간은 고독한 존재이다.
저마다 자기 그림자를 거느리고 휘적휘적 지평선을 걸

어가고 있지 않은가.

인간, 행복하기 위해 태어난 존재

크게 버리는 사람만이 크게 얻을 수 있다.
하나가 필요할 때는 하나만 가져야지, 둘을 갖게 되면
그 소중함마저 잃게 된다.
행복의 비결은 필요한 것을 얼마나 갖고 있는가가 아
니라
불필요한 것에서 얼마나 자유로워져 있는가에 있다.

생각을 전부 말해 버리면 말의 의미가, 말의 무게가 여
물지 않는다.
말의 무게가 없는 언어는 상대방에게 메아리가 없다.

사람은 언제 어디서 어떤 형태로 살든
그 속에서 물이 흐르고 꽃이 피어날 수 있어야 한다.

마음에 따르지 말고 마음의 주인이 되라.

우리가 걱정해야 할 것은 늙음이 아니라 녹스는 삶이며,
인간의 목표는 풍부하게 소유하는 것이 아니라 풍성하
게 존재하는 것이어야 한다.

우리가 진정으로 만나야 할 사람은 그리운 사람이다.
마주침과 스치고 지나감에는 영혼의 울림이 없다.
영혼의 울림이 없으면 만나도 만난 것이 아니다.

살아 있는 모든 이웃들이 다 행복하라.
태평하라, 안락하라.

문경새재

문경새재의 이름을 두고 여러 가지 얘기들이 있다. 새재를 뜻 그대로 한 자로 풀이하면 조령鳥嶺이다. 백두대간의 조령산 마루를 넘어가는 고갯마루니 새재는 새도 날아서 넘기 힘들 만큼 험한 고개라는 얘기일 것이다. 혹은 새로 만들어진 재라 해서, 또는 하늘재와 이우리재의 사이에 있어 새재라는 이름이 붙었다고도 하나 하나의 별칭일 뿐, 타당하진 않을 것 같다.

문경새재는 경북 문경시 문경읍 상초리 일원에 위치하고 있다. 이 재는 예로부터 영남과 수도권을 잇는 군사, 행정, 문화, 경제적 요충지였다. 조선시대 한양에 과거를 보러 올라가는 영남유생이 필히 거쳐 가야 할 영남대로의 관문關門이었다. 또한 임진왜란 때는 신립 장군이 군사상 요충지인 문경새재 대신 충주 탄금대에서 배수의 진을 치고 패했던 역사가 전해져 오기도 한다.

임진왜란이 끝난 뒤에는 이곳에 주흘관, 조곡관, 조령관 등 3개의 관문을 설치하여 국방의 요새로 삼았다고 한다. 미리 대비하지 못하여 모진 전란戰亂을 겪고 난 뒤에서야 국방의 중요성을 깨달은 것이다. 소 잃고 외양간 고친 격이지만 과거의 역사에서 우리는 값비싼 교훈을 얻기도 하는 법이다. 지금도 새재에서 주흘산에 오르는 길에 1관문에서 3관문까지 3개의 관문을 만날 수 있다.

문경새재 영남제일관 과거 영남에서 서울로 가는 길목에 있는 첫 번째 관문으로 정식 명칭은 주흘관이며 뒤편에 영남제일관이라는 현판이 붙어 있다. 문경새재에 있는 세 개의 문 가운데 옛 모습을 가장 잘 유지하고 있다. 그 옛날 새도 쉬어간다는 높고 험준한 고개였지만 지금은 걷기 좋은 '명품 길'로 각광받고 있기도 하다.

주흘관은 영남제일관으로 불리는데 남쪽에서 올라오는 적을 막기 위해
숙종때 설치한 것으로 전해지고 있다. 정면 3칸과 측면 2칸, 협문 2개가
있다. 문 좌우의 석성은 높이가 4.5m, 폭 3.56m, 길이가 188m에 달하
며, 새재에 있는 3개의 관문 중 옛 모습을 가장 잘 지니고 있는 것으로
평가되고 있다. 몇 해 전 드라마 촬영이 한창인 때라 성책, 무기 등의 촬
영소재가 널려 있어 옛 성곽의 느낌을 더해 주기도 했었는데 요즘은 그저
잘 정리된 모습뿐이라 아쉽기도 하다.

요즘은 이런저런 '길'들이 인기인 것 같다. 지리산 둘레길이며 제주도 올레길을 시작으로 전국에 수많은 길들이 새로 만들어지거나 옛길 등이 정비 중에 있다. 조금은 느리게 걸으면서 좀 더 많은 것을 보고 느낄 수 있으니 길에 많은 관심이 쏟아지는 게 나쁜 것만은 아닌 것 같다.

문경새재 과거길도 걷기에 좋은 길이다. 제3관문까지 가는 길은 그다지 힘들지는 않다. 부담 없이 가벼운 마음으로 산책하기에도 적당하다. 숲길도 좋지만 주변에 옛길 박물관이며 드라마세트장, 자연생태공원 등 볼거리가 지천에 널렸다.

특히, 2007년 10월에 문을 연 자연생태공원은 자연생태전시관, 습지공원, 야생화 단지 등 일반인들이 자연과 생태체험을 할 수 있는 훌륭한 공간이다. 여름이면 습지를 따라 수많은 꽃들이 피어나 장관을 이룬다. 생태공원에는 타조, 사슴, 원숭이 등의 동물과 공작, 금계, 원앙 등 많은 새들도 가까이서 볼 수 있도록 해 놓았다. 집 근처에 이런 공원이 하나쯤 있다면 참 좋겠다는 생각을 하게 된다.

문경새재를 찾았던 것은 여러 번이지만 몇 해 전 여름날이 오랫동안 기억에 남는다. 맑은 하늘에서 갑작스럽게 비가 내리더니 이내 거짓말처럼 하늘이 파래졌던 그날로 다시 돌아가고 싶어진다. 바위 위에 한참을 누워 있던 기억이며, 이 순간 이 길을 달려 땅끝까지 가고 싶었던 그날로 말이다. 🦐

나는 아직, 어른이 되려면 멀었다
강세형 지음 / 김영사 / 2010년 7월

제목이 무척 마음에 들었었다. '나는 아직, 어른이 되려면 멀었다'는 제목은 내가 바라보는 나를 참 적나라하게 잘 표현한 말이 아닌가 그런 생각이 들었다. 글쎄, 그럼 과연 어른이 된다는 건 뭘 의미하냐고 물어온다면 그 질문에 대해서도 명확히 대답하기 어렵긴 하지만, 어쨌든 성숙한 어른이 되려면 난 아직 한참 멀었다는 것만은 분명히 알 수 있다.

어른이 된다는 것. 단지 나이를 먹고 남들처럼 번듯한 직장을 가지고, 결혼을 하고, 집을 장만하고, 큰 자동차를 굴리고 하는, 어찌 보면 평범하게 보이는 인생의 일정을 밟아가고 있는 걸 얘기하는 것만은 아닐 것이다. 만약 그런 것이 어른이 되는 것이라면 인생이 한없이 서글프게 느껴질 테니까.

그렇다면 이런 정의는 어떨까? 더 이상 꿈이라는 것에 현혹되지 않는 것. 나에게 보탬이 되지 않는 것들에 시간과 돈과 마음을 쓰지 않는 것. 더이상 실망, 상처, 실패라는 말을 용납할 수 없는 것. 있는 그대로 좋은 것을 좋다 얘기할 수 없고, 싫은 것을 싫다 얘기할 수 없는 것. 인생에는 공짜가 없음을 알아가는 것. 정처 없이 헤매는 청춘의 끝.

더 서글퍼질까? 그렇다 해도 어쩔 수 없다. 부정한다고 해도 결국 그런 것들이 이 사회가 우리에게 요구하는 어른스러움인 것이다. 이 나이가 되면 이 정도는 이뤄야 하고, 또 이 나이가 되면 정해진 틀에 잘 적응하며, 혹은 자신보다 더 어린 사람들을 정해진 틀에 잘 구겨 넣으면서 살라고 강요당하는 것이 우리가 하루하루 터벅터벅 걸어가는 인생 아닌가.

내 나이도 불혹을 넘었다. 불혹不惑이란 게 무언가. 어떤 유혹에도 흔들림 없이 자신의 갈 길을 간다는 말이다. 마흔이라는 나이가 지니는 의미는 사뭇 큰 것 같다. 남자 나이 40이 넘으면 자신의 얼굴에 책임을 져야 한다는 말도 있는 것을 보면 중년中年이 아닌 중년重年으로, 좀 더 무거워지고 깊어져야 할 의무가 생기는 것 같아 부담스럽기도 하다.

> 어쩌면 우리는 모두 언제나 청춘을 살고 있는지도 모른다는,
> 다만 열아홉에도 스물아홉에도 서른아홉에도 마흔아홉에도
> 아제 내 청춘도 끝나는구나 생각하며
> 나의 청춘을 흘려보내고 있는지도 모른다는 생각이 들었다.

> – 작가의 말 중에서

이 책은 김동률의 뮤직아일랜드 등 라디오 음악 프로그램 작가를 맡았던 강세형의 방송 원고들을 책으로 펴낸 것이다. A4 2장 분량으로 씌어진 글들의 구성은 독특하면서도 읽기에 편하다. 마치 깊은 밤 라디오 DJ의 목소리를 통해서 누군가의, 혹은 나 자신의 세상사는 이야기를 엿듣는 기분이라고나 할까.

좀처럼 어른이 되지 못하는 나는 위안을 얻고 싶었는지도 모른다. 어른인 척 살고 있지만 여전히 청춘의 뜨거운 피가 식지 않았음을 오히려 다행이라고 격려하는 목소리가 이 세상 어딘가에 있었으면 좋겠다는 생각을 하고 있었을지도 모르겠다. 이 책에 담긴 수많은 이야기 속에서 공감하고 위안을 얻었으니 이젠 또 누군가를 위로할 수 있게 된다면 더할 나위 없이 좋겠다.

이 책의 표지에는 '여러 번의 실망, 여러 번의 상처, 여러 번의 실패, 그 사이 어느덧 겁쟁이로 변해버린 청춘에게 보내는 설렘, 두근거림, 위안慰安의 이야기'라는 말이 씌어져 있다. 이미 육체적인 나이의 청춘은 잃어버린 지도 모르겠지만 나는 한편 언제까지나 청춘이고 싶다. 그래서 "청춘, 내게는 지금 이 순간"이라고 늘 자신 있게 얘기할 수 있었으면 좋겠다.

문경새재 자연생태공원 2007년 10월에 문을 연 자연생태공원은 일반인들이 자연과 생태체험을 할 수 있도록
만들어진 훌륭한 공간이다. 여름이면 습지를 따라 수많은 꽃이 피어나 장관을 이룬다. 가까이에 산책하듯 가벼운
마음으로 거닐 수 있는 이런 공원이 있다면 참 좋을 것 같다.

서석지瑞石池

서석지瑞石池를 한자 그대로 풀이하면 상서로운 돌로 만든 연못이란 뜻이다. 경북 영양군 입암면에 위치한 서석지는 조선 광해군과 인조시대 때 성균관 진사를 지낸 석문石門 정영방의 별장으로 전남 담양의 소쇄원, 보길도의 부용정과 더불어 한국을 대표하는 3대 정원으로 꼽히는 곳이다.

담양 소쇄원은 이전에 한 번 가본 적이 있었던지라 한국의 3대정원이라는 말만 듣고 기대에 부풀어 이곳을 찾았었다. 우리나라를 대표하는 정원이라면 꽤나 유명한 곳일 텐데 왜 알지 못했을까 하는 의문에 대한 해답은 서석지에 이르는 여정을 통해 굳이 누가 설명해주지 않아도 스스로 찾을 수 있었다.

서석지가 일반인들에게 그다지 알려지지 않은 것은 그만한 가치가 없어서가 아니라, 알리려는 노력이 부족해서였을 것이다. 물론 서석지가 소쇄원처럼 어느 영화의 배경이 되는 행운이라도 가졌으면 달라졌겠지만 인구 2만에도 미치지 못하는 내륙 속의 섬 영양군에 자리 잡고 있다는 태생적 한계도 한몫 하는 듯하다.

영양 서석지 경정을 홀로 지키고 계시는 어르신의 모습이 조금은 쓸쓸해 보였다. 인사를 남기고 되돌아 나오는 발걸음이 조금 무거워지는 이유를 알 수는 없었지만 언제까지나 그 자리를 변함없이 지켜주시길 바라는 마음을 남겨두고 발길을 옮겼다.

서석지에 당도했을 때의 느낌은 솔직히 기대에 한참 미치지 못하는 실망감이었다. 소쇄원을 기대하고 갔던 방문객에게 서석지는 어느 오래된 고택에 딸린 작은 연못에 불과했다. "직접 가보면 실망할지도 모른다"거나 "서석지가 한국 3대 정원이라고?" 되묻는 영양사람들의 사전 정보가 없었다면 나 역시 배신감으로 서석지에 대한 좋지 않은 기억만을 안고 휑하니 입구만 둘러보고 서둘러 나왔을 것이 분명하다.

그러나 분명 실망은 했으되, 서석지에 대한 좋은 기억을 가슴에 남길 수 있었던 것은 그 몇 평 안 되는 서석지가 사실은 그보다 훨씬 큰 아름다움과 유유자적함, 잘 정돈된 한국정원의 조형미를 품고 있기 때문이었을 것이다. 급한 마음이 아닌 쉬어가는 마음으로 구석구석을 꼼꼼하게 챙겨보면 볼수록 서석지의 아름다움을 제대로 만끽할 수가 있을 법하다.

서석지는 공경하는 마음을 나타내는 정자인 경정敬亭과 매화, 소나무, 국화, 대나무 등 네 가지 벗을 심어놓은 사우단四友壇, 한 가지 뜻을 받드는 서재라는 뜻의 주일재主一齋, 그리고 물 속에 30개, 수면위로 드러난 60개 등 총 90개의 돌로 채워진 연당蓮塘으로 이루어져 있다.

서석지는 해마다 연당의 연꽃들이 꽃봉오리를 터뜨리는 7월 중순이 가장 아름답다고 한다. 서석지를 처음 찾았던 때가 6월이었으니 조금 이른 방문이었던 것 같다. 물론 7월의 연꽃도 아름답겠지만, 개인적으로는 서석지 입구를 지키고 서 있는 큰 은행나무의 나뭇잎이 노랗게 물들 가을도 참 아름답지 않을까 상상해 본다.

경정을 홀로 지키고 계시는 어르신의 뒷모습이 조금은 쓸쓸해 보였다. 서석지의 관리를 맡은 것인지, 아니면 인근 마을에 사시는 분인지 알 수는 없었지만 가끔 알아듣기 힘든 혼잣말을 되새기셨다. 구경 잘하고 돌아간다는 인사를 남기고 문을 되돌아 나오는 발걸음이 조금 무거워지는 이유를 정확히 알 수는 없었지만, 다음번 서석지를 다시 찾았을 때에도 그 자리를 변함없이 지켜주시길 바라는 마음을 남겨두고 발길을 옮겼다. 終

서석지 주일재 서재로 썼였던 주일재 앞에는 소나무, 대나무, 국화, 매화를 심어 사우단을 만들었다. 선비의 기개와 절개를 중시한 정영방 선생의 기품을 엿볼 수 있다. 때마침 꽃망울을 터뜨린 붉은 꽃이 주일재 풍경을 더욱 풍성하게 해 준다.

끌림
이병률 지음 / 달 / 2010년 7월

제목처럼 무언가 끌림이 있는 책이다. 오래전부터 한번은 꼭 읽어
보고 싶었었는데 다행스럽게 나와도 인연이 닿아준 것 같다. 이
병률 시인의 첫 산문집 '끌림'은 그가 1994년부터 2005년까지
10여 년의 세월 동안 50여 나라를 여행하며 느꼈던 감성의 기록
이다. 시인이라 글만 잘 쓰는 줄 알았더니 사진 솜씨도 기대 이상
이다.

해외여행에 관한 글보다는 우리나라 곳곳을 여행하며 남긴 에세
이들을 좋아한다. 그건 아마도 공감의 차이 때문이 아닐까 생각
해 본다. 그러나 이 책에는 또 다른 이유의 '끌림'이 있다. 여행자
의 발걸음을 따라 그의 눈동자를 빌려 내가 일상 속에서 만날 수
없는 풍경과 사람들, 그리고 느낌에 자연스레 끌리게 된다.

확실히 시인의 글은 뭔가 다르다. 시인의 산문은 시를 닮아 있다. 고등학교 시절 부모님 대신 참석했던 결혼식 축의금 봉투를 들고 결혼식장 대신 떠났던 일주일간의 여행이 그를 평생의 여행으로 이끌었고 평범하지 않은 시인의 길로 이끌었을 거라고 추측해 본다. 물론 그 여행이 행복하지만은 않았을 테지만, 그것 또한 그의 운명이었을 거다.

홀로 여행을 할 때도 혼자가 아니라는 생각이 들 때가 있다. 누군가 예전에 걸었던 길, 혹은 언젠가 누가 걷게 될 길을 걷고 있노라면 내 곁에 바로 그 사람이 함께 걷고 있음을 느끼게 된다. 맞닿을 것처럼 지척이거나 몇 걸음 떨어져 있거나 상관없다. 내가 보고 있는 것을 그도 보고 있을 것이며, 내가 느끼고 있는 것을 분명 그도 느끼고 있을 것이기 때문이다.

책을 다 읽고 나니 그를 시인이라고 불러야 할지 사진작가라고 불러야 할지 고민이 된다. 그가 다른 세상을 걸으며 카메라에 담았던 수많은 사진들이 책 속에 녹아들어 글의 느낌을 더욱 생생하게 전해주는 듯하다. 이 사진들은 분명 아마추어의 느낌은 아니다. 어떤 사진들은 장황한 글보다 더 강렬한 느낌을 전해준다.

이상한 일이다. 처음 책을 펴들었을 때부터 최갑수라는 이름이 퍼뜩 떠오르더니 마지막 장을 덮을 때는 지은이를 다시 확인해야 할 정도가 됐다. 이병률의 산문집 '끌림'에서 난 왜 그가 떠올랐을까. 시인이라는 공통점, 골목에서 만나게 될 사랑을 그리워하고, 운명처럼 여행을 온몸으로 받아들이고 있는 두 사람은 사진으로 뽑아내는 감성마저 묘하게 닮아 있다.

위시 리스트에 이병률이라는 이름 석 자를 추가했지만 그의 다음 산문집은 기약이 없다. 최갑수가 여행 에세이를 통해서 나의 기다림에 가끔 화답해 주고 있지만 이병률이라는 사람은 여전히 본업에 충실한 듯하다. 부디 그의 재능을 혼자서만 즐기지는 말았으면 좋겠다. 이유를 알 수 없는 끌림이 설렘이 되고, 결국엔 사랑이 되듯 그의 길에 우리도 함께할 수 있도록.

은해사 銀海寺

영천 은해사는 경북 영천시 청통면의 팔공산 자락에 자리 잡고 있는 고
찰로 신라 헌덕왕 1년(809년)에 혜철국사가 창건했다고 전해지고 있다.
원래 이름은 해안사海顔寺였지만 조선시대에 은해사銀海寺라는 이름으로 바
뀌었다고 한다. 공통적으로 바다 해海자가 절 이름에 들어가 있는 것이
이채롭다. 아시다시피 영천은 바다와는 한참이나 떨어져 있는 내륙도시
이다.

부처님의 미소처럼 편안함을 주는 곳. 이것이 은해사의 느낌이다. 풍경소
리가 마음을 울리는 고즈넉한 산사의 모습 그대로다. 일주문을 들어서면
속세의 소리와 완전히 단절될 수 있는 온전한 형태의 독립적인 공간이 우
리를 마중 나온다. 속세의 번잡함을 잠시나마 잊고 마음의 평안을 얻을
수 있다는 것만으로도 은해사를 찾아 온 보람이 있다 할 것이다.

은해사 일주문을 지나면서 시작되는 소나무 숲에서 뿜어져 나오는 기운
이 사람의 기분까지 덩달아 좋게 만들어 준다. 하늘을 향해 곧게 뻗어나
진 못했으되, 구부러지고 못생긴 나뭇가지가 보통사람들의 모습을 떠올
리게 해서 좋은 것 같다. 소나무 숲의 상쾌한 공기를 맡으며 걷는 기분이
정말 최고다.

은해사 금포정길 은해사가 좋은 이유가 몇가지 있다. 절 입구에서 보화루에 이르는 2km 남짓한 금포정 소나무 숲길의 아름다움이 그 하나요. 평지로 이루어져 있어 누구나 힘들이지 않고 둘러볼 수 있다는 점이 또 하나요, 그리 크지도 않고 작지도 않은 적당한 규모라는 게 또 하나의 이유다.

이정표에 씌어 있는'사람 다니는 길', '차 다니는 길' 이런 표현이 참 마음에 든다. 사람 다니는 길이 금포정禁捕町 길인데 금포정은 은해사 일주문에서 보화루에 이르는 길이 2km의 소나무 숲이다. 일체의 살생殺生을 금했다 하여 금포정이라는 이름이 붙었다고 한다. 조선 숙종때인 1714년에 이곳 일대의 땅을 매입하여 소나무 숲을 조성했다 하니 역사가 어언 삼백 년이 다 되었다.

단풍나무 잎이 마침 서쪽으로 뉘엿뉘엿 지는 햇빛을 받아 더욱 선명하게 빛을 발하고 있다. 싱그럽고 상쾌한 공기는 자연이 인간에게 주는 넉넉한 선물이다. 작은 연못을 둘러싸고 있는 숲. 마치 번잡한 속세와 도량 사이의 경계처럼 서 있다. 물에 드리워진 그림자와 함께 어우러져 멋진 풍광을 자랑한다.

금포정을 따라 조금 더 걷다보면 사랑나무를 만날 수 있다. 수종이 다른 두 나무가 접촉하여 오랜 세월이 지나 합쳐진 나무를 연리목連理木이라 하고, 합쳐진 가지를 연리지라고 한다. 이 연리지는 100년생 느티나무와 참나무가 서로 안고 있는 형상을 하고 있는 매우 희귀한 형태라서 많은 사람들이 이 앞에서 한참을 머물곤 한다.

사람들이 소박하지만, 간절한 소망을 연등에 달아 놓았다. 건강, 재산, 결혼, 취직 등 다양한 바람들이 여기에 걸려 있을 것이다. 잠시 생각을 해본다. 지금 이 순간, 내게 가장 간절한 소망 하나는 무엇일까. 퍼뜩 떠오르는 것이 있어 잠시 부처님께 빌어 본다. 연등을 달지 않았다고 부처님께서 소홀히 하진 않으시겠지.

소망을 담은 연등 사람들이 간절한 소망을 연등에 달아 놓았다. 각자의 사연들이 다 있겠지만, 얼마나 많은 소원이 이루어졌을까 궁금하다. 부처님의 미소처럼 편안함을 주는 곳. 이것이 은해사의 느낌이다. 속세의 번잡함을 잠시나마 잊고 마음의 평안을 얻을 수 있다는 것만으로도 은해사를 찾은 보람이 있다 할 것이다.

은해사가 좋은 이유가 몇 가지 있다. 앞서도 얘기했지만 입구에서 보화루까지 이르는 소나무숲길의 아름다움이 그 하나요, 평지로 이루어져 있어 누구나 힘들이지 않고 둘러볼 수 있다는 점이 또 하나요, 그리 크지도 않고 작지도 않은 적당한 규모라는 게 또 하나의 이유다. 조용히 구석구석을 둘러보면서 조용히 사색思索하기에 적당한 절이다. 언제든 들러 팔공산 자락에서 은빛 바다를 구경해 보는 것도 좋을 듯 하다. 終

풍 경 을
그 리 다

지금 이 순간 그대로 행복하라
틱낫한 지음, 배인섭 옮김 / 더난출판사 / 2011년 12월

먹고 살만해졌지만 사람들은 여전히 궁핍함을 느낀다. "행복"이란 언제나 그랬듯 인류에게 주어진 최고의 화두가 아닐까 싶다. 육체의 배고픔은 해결했지만 그보다 더 근원적인 정신의 허기를 채울 수 없으니 사람들은 잡힐 듯 하면서도 실체가 보이지 않는 사막의 신기루와도 같은 행복 찾기에 저마다 열심이다.

"지금 이 순간 그대로 행복하라"에는 인류의 정신적 멘토이자 달라이 라마와 더불어 생불生佛로 불리는 틱낫한 스님이 전하는 따뜻한 위로와 격려의 메시지가 담겨 있다. 지금 이 순간에도 바람 앞의 등불처럼 흔들리며 위태로운 삶을 살아가고 있는 사람들이라면 읽어볼 충분한 가치가 있는 책이다.

30분도 채 걸리지 않아 이 책을 다 읽었지만 지금 이 순간부터 평생을 읽어도 다 읽지 못할 책이라는 생각이 든다. 누구나 이해하기 쉽게 씌어져 있어 잘 읽히지만 우리가 찾는 궁극의 행복이란 것이 우주 만물이 시작도 끝도 없는 하나임을 깨닫는 것처럼, 결코 쉽게 다다를 수 있는 것이 아님도 알고 있기 때문이다.

이 책은 일 년 365일을 열두 번째 달 쉰셋째 주로 나누어 각각에 걸맞는 가르침을 담아놓고 있다. 주제와 어울릴 듯, 또 어울리지 않아 보이는 사진들은 이 책의 또 다른 화두가 아닐까 하는 생각이 들기도 한다. 이 책을 읽으면서 얼마 전에 읽었던 혜민 스님의 책 "멈추면, 비로소 보이는 것들"에 실린 글들과 묘하게 오버랩 되는 것을 느꼈다.

틱낫한 스님은 '행복은 지금 이 순간 그대의 눈앞에 있음'을 얘기하고 있다. 행복은 이미 그대 곁에 찾아와 그대를 향해 미소 짓고 있는데 행복하기 위해서 무엇을 애타게 기다리고 있는 지, 왜 지금 이 순간 행복할 수 없는 지 우리에게 물어보고 있다. 마음을 깨우면 우리 곁에 숨 쉬는 행복의 가치를 깨닫게 될텐데 그것이 또 말처럼 쉽지 않은 일인가 보다.

책 제목 자체가 바로 진리다. 지금 이 순간, 있는 그대로 지극히 소중한 삶의 소중함을 깨닫는 순간이 바로 행복일 것이다. 삶 자체가 고통스러운 것이 아니라 우리를 옭아매고 있는 관념에 사로잡혀 있기 때문에 삶이 괴롭게 느껴지는 것이다. 관념을 놓아 버리고 마음을 비우면 우리는 자유롭고, 그 자유 속에서 행복에 다다를 수 있는 것이다.

책을 읽는 내내 마음이 고요해짐을 느꼈다. 스님의 가르침대로 숨을 들이쉬며 고요한 물이 되고, 숨을 내쉬며 깊은 평화를 느낄 수 있도록, 흔들림 없는 인생을 위해 매일매일 명상을 해야겠다. 깨어 있는 눈으로 보고,

깨어 있는 귀로 듣고, 깨어 있는 발로 걷고, 깨어 있는 마음으로 느낄 수 있도록. 그리하여 나와 그대가 함께 행복할 수 있도록.

풍경을 그리다

초판 1쇄 2014년 6월 12일

지은이 강기석
발행인 김재홍
책임편집 김태수, 조유영, 박보라
마케팅 이연실

발행처 도서출판 지식공감
등록번호 제396-2012-000018호
주소 경기도 고양시 일산동구 견달산로225번길 112
전화 031-901-9300
팩스 031-902-0089
홈페이지 www.bookdaum.com

가격 15,000원
ISBN 979-11-5622-032-9 03910

CIP제어번호 2014016961
이 도서의 국립중앙도서관 출판시 도서목록(CIP)은 e-CIP 홈페이지(http://www.nl.go.kr/ecip)에서 이용하실 수 있습니다.